BAHNERS

KAMPAGNE

ZU KLAMPEN

Reihe zu Klampen Essay
Herausgegeben von
Anne Hamilton

Patrick Bahners, geboren 1967, studierte Geschichte und Philosophie in Bonn und Oxford. Seit 1989 arbeitet er für die »Frankfurter Allgemeine Zeitung«. Von 2001 bis Ende 2011 leitete er das Feuilleton. Nach Stationen als Korrespondent der F.A.Z. in New York und München berichtet er seit 2018 aus Köln über die Kultur in Nordrhein-Westfalen. Seit 2016 zeichnet er für das Ressort Geisteswissenschaften verantwortlich.

PATRICK BAHNERS

Kampagne in Deutschland

Bénédicte Savoy und der Streit um die Raubkunst

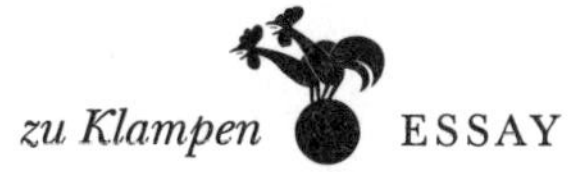

In Erinnerung
an Henning Ritter

Inhalt

Vorwort

Das Museum erlebt eine neue Welle des öffentlichen Interesses. Als am interessantesten gilt an seinen Objekten heute der Weg, auf dem sie ins Museum gekommen sind. Der Verdacht, dass die Methoden der Akquise zu häufig illegal oder unfair waren, ist für die Museen Anlass für aufwendige Forschung in den eigenen Akten. So ist das Museum als symbolischer Apparat, mit dem angeblich diejenigen, die es errichtet haben, ihre kulturelle Überlegenheit zur Schau stellen wollten, heute sein wichtigstes Exponat geworden – während gleichzeitig die Frage gestellt wird, ob es seine traditionellen Aufgaben des Sammelns, Konservierens, Sortierens und Erforschens noch guten Gewissens erfüllen kann. Häuser, die als Völkerkundemuseen gegründet wurden und sich heute der Unterrichtung über gleichberechtigte Weltkulturen verpflichtet wissen, veranstalten Abschiedsausstellungen für Sammlungsbestände, als deren neue Eigentümer außereuropäische Staaten bestimmt worden sind. Rückgabe ist eine Losung globaler Gerechtigkeit, Konsequenz und Kompensation der Globalisierung.

An den Museen wird ein Exempel der inneren Dekolonisierung statuiert, der sich auch Deutschland unterziehen soll, obwohl es seine Kolonien schon mit dem Ersten Weltkrieg verloren hat. Koloniales Denken, so wird angenommen, wirkt fort und durchwirkt staatliche und gesellschaftliche Institutionen, in Verbindung mit patriarchalen und anderen Denkmustern, die ungleiche Machtverhältnisse festschreiben. Dass die relativ kurze Episode der deutschen Kolonialherrschaft im öffentlichen Gedächtnis wenig Spuren hinterließ, wird von Aktivisten pathologisch gedeutet, als »koloniale Amnesie«. Der Bekämpfung dieser kollektiven mentalen Störung haben sich Politiker und die Programmacher des Kulturbetriebs mit Begeisterung verschrieben.

Die postkoloniale Wende des öffentlichen Bewusstseins, durch die das Museum in die Klemme eines übergroßen kritischen Interesses geraten ist, hat sich mit frappanter Geschwindigkeit vollzogen. Als 2002 der Bundestag den Beschluss fasste, das Berliner Schloss wieder aufzubauen und dort die außereuropäischen Sammlungen der Stiftung Preußischer Kulturbesitz auszustellen, war das Humboldt-Forum die Vision einer Neugründung des Universalmuseums. Dieses neue Weltmuseum war postkolonial konzipiert: Was aus europäischer Sicht die Peripherie gewesen war, wurde ins Zentrum geholt. Das Restitutionsthema hatte niemand auf der Rechnung. Ende Mai 2018, zweieinhalb Jahre vor der Eröffnung, wurden die großen Südseeboote aus dem Dahlemer Depot in den Rohbau des Humboldt-Forums verbracht. Sie hätten nicht durch die Schlosstüren gepasst und wurden eingemauert. Zur Erfüllung einer etwaigen Rückgabeforderung müsste man ein Loch in die Schlossmauer schlagen.

Dass Rückgabe und postkoloniale Wiedergutmachung jetzt oben auf den Tagesordnungen der Kulturpolitik und der gesellschaftlichen Debatte stehen, hat der vereinsförmige Aktivismus nicht allein zustande gebracht. In der großen Öffentlichkeit war die Präsentation des Themas eine Sache der Wissenschaft. Eine besondere Autorität wuchs dabei der Kunsthistorikerin Bénédicte Savoy zu, die mit ihrem Team der Technischen Universität Berlin die Provenienzforschung von einer Hilfswissenschaft oder Servicedisziplin für institutionelle Auftraggeber zum Grundlagenfach einer kritischen Kulturgeschichte umgebaut hat: Was als Kulturgut deklariert wird, wie viel es seinen Erwerbern wert ist, welche Kosten sie auf Dritte abwälzen – aus solchen Aufstellungen lassen sich Sittenbilder zusammensetzen beziehungsweise, mit einem Begriff der Kriminologie, Profile.

Savoy akquirierte Forschungsaufträge, wurde von Politikern um Rat gefragt und in Presse und Rundfunk häufig und immer häufiger um Stellungnahmen gebeten. Dass der französische Staatspräsident sie beauftragte, ihm gemeinsam mit dem afrikanischen Sozialwissenschaftler Felwine Sarr über Möglichkeiten der Restitution von Museumskunst Bericht zu erstatten, bewies für die deutsche Öffentlichkeit die politische Wichtigkeit des Themas und verlieh Savoy einen Status, mit dem kein Fachkollege konkurrieren konnte. Der Buchausgabe des Berichts ließ sie mehrere weitere Bücher zur Thematik folgen, von einem autobiographischen Essay über eine Archivstudie zur Vorgeschichte der heutigen Debatte bis zu Sammelwerken ihres Forschungsnetzwerks, die durch elegante Anordnung des Stoffes Leser jenseits der Fachwelt ansprechen. Aus den Büchern schöpft sie in einer ausgedehnten Vortragstätigkeit, die sie auch in Säle außerhalb der Universitäten führt. Bei diesen Anlässen ist zu spüren, wie sie ihr Publikum in den Bann zieht. Neugier schlägt um in moralischen Enthusiasmus. In einer Zeit routinierter Selbstzweifel der Geisteswissenschaften und beflissener Bemühungen der Wissenschaftsförderer um das kaum messbare öffentliche Verständnis für die Wissenschaft ist dieser Publikumserfolg einer Forscherin auch unabhängig von ihrem Thema bemerkenswert.

Es gehört zum Selbstverständnis demokratischer Politik, dass sie für ihre Entscheidungen gute Gründe haben möchte. Regelmäßig und förmlich konsultiert sie daher wissenschaftlichen Sachverstand. Expertise ist eine Dienstleistung, die auf Bestellung geliefert wird. Ihre Nützlichkeit hat indes die intellektuelle Selbständigkeit des Lieferanten zur Bedingung. In diesem arbeitsteiligen Zusammenwirken von Wissenschaft und Politik bleiben Reibungsverluste und Missverständnisse nicht aus, auch im Erfolgsfall nicht. Virologen machten während der Covid-19-Pandemie die Erfahrung, dass geduldiges öffentliches Erklären der epistemologischen und faktischen Prämissen ihrer Ratschläge die Ausbreitung eines generellen Misstrauens gegenüber der Wissenschaft nicht verhinderte und vielleicht sogar zusätzlich stimulierte. Klimaforscher beklagen, dass ein internationaler Konsens in ihrem Fach die Politiker nicht davon abhält, das Thema des Klimaschutzes politisch zu behandeln, durch Ausnutzung und Überdehnung von Spielräumen des Dissenses. Bénédicte Savoy hingegen durfte erleben, dass ihre Forderungen in Sachen Restitution von den maßgeblichen Politikern übernommen und erfüllt worden sind – obwohl sie beteuert, gar keine Forderungen erhoben zu haben. In politischen Foren, sagt sie, sage sie nichts anderes als in ihren wissenschaftlichen Schriften.

Überzeugungsarbeit gelingt nicht durch Argumente allein. Man muss den Moment treffen, Stimmungen aufnehmen, verarbeiten und in Form bringen. In Überzeugungskraft geht Selbstüberredung ein, zum rhetorischen Erfolg gehört oft ein Moment der Autosuggestion. Die Debatte über das Museum im Zeichen postkolonialer Restitutionskampagnen ist ein faszinierendes Fallbeispiel für die Wirkungsmacht von Wissenschaft. Aufschlussreich sind Savoys wissenschaftliche Schriften in diesem Kontext auch deshalb, weil sie die Mechanismen und Techniken der politischen und medialen Öffentlichkeiten von Anfang an zum Thema gemacht hat.

Die vorliegende kleine Geschichte der Restitutionsdebatte im Spiegel der Interventionen von Bénédicte Savoy kann daher mit einem klassischen Topos der neueren deutschen Historiographie einsetzen: Am Anfang war Napoleon.

Verdrängtes Exempel

Der napoleonische Kunstraub und die Folgen

Heinrich von Treitschke schildert im ersten Band seiner »Deutschen Geschichte im neunzehnten Jahrhundert« die Bemühungen der preußischen Diplomatie, nach dem Sieg über Napoleon in den Pariser Friedensverhandlungen mit dem wieder bourbonisch regierten Frankreich die Restitution der aus Deutschland entführten Kunstschätze zu erwirken. Ein singulär prestigeträchtiges Symbol der Niederlage von 1806, deren Ergebnisse nun rückgängig gemacht werden sollten, war die von Johann Gottfried Schadow entworfene Skulpturengruppe, die das Brandenburger Tor in Berlin gekrönt hatte: die Siegesgöttin im Streitwagen, gezogen von vier Pferden. Den Moment, da dieses Werk die Rückreise antreten konnte, hebt Treitschke hervor, indem er in seine Erzählung vom Gang der diplomatischen Verhandlungen ein lebendes Bild einbaut. »Auf erneutes Drängen kam endlich die Berliner Viktoria aus ihrem Schuppen hervor; wie jubelte Jacob Grimm, als er sich eines Morgens auf die eherne Quadriga setzte und dort sein Frühstück verspeiste.« Grimm war als kurhessischer Legationssekretär nach Paris geschickt worden und sollte die 1813 beim französischen Abzug aus Kassel weggeführten Bücherbestände zurückfordern, die er als Bibliothekar des Königs von Westphalen selbst verwaltet hatte. Als Kunstdetektiv machte er sich so schnell einen Namen, dass er auch preußische Suchaufträge wahrnahm. Bénédicte Savoy erwähnt in ihrem Standardwerk über den »Kunstraub« des revolutionären und napoleonischen Frankreich auf deutschem Boden und die Debatte über dessen Rückabwicklung die Anekdote von Grimms Frühstück auf der Quadriga als Illustration für das Schicksal des Themas im deutschen Geschichtsbewusstsein des 19. Jahrhunderts.

Der kriegswirtschaftlich bedingte und kulturpolitisch legitimierte Vorgang der wiederholten Verlagerung als künstlerisch wertvoll deklarierter Objekte wurde »mangels gründlicher Kenntnisse und Quellen zum Gegenstand zahlreicher hartnäckiger Legenden«. Savoy zählt eine Reihe von Vignetten mit prominenten Akteuren und prominenten Werken auf, die im Laufe des Jahrhunderts »die historische Erinnerung an den Kunstraub bereicherten und zugleich trübten«. Kunstvoll auch im engeren formalen Sinne ist Savoys wissenschaftliche Behandlung ihres Gegenstands, wie sich an dem zuletzt zitierten Satz studieren lässt. Durch die Verdoppelung des Verbs weitet sich am Ende die Perspektive im Sinne einer prinzipiell zwiespältigen Betrachtung: Die Bereicherung der Erinnerung bedeutete zugleich deren Trübung. Man kennt diese rhetorische Figur von Edward Gibbon, dem französisch geschulten

Meister der englischen Geschichtsschreibung des 18. Jahrhunderts. Wenn Savoy die kleinen Kunst-Geschichten wie die Nachricht von Grimms morgendlicher Siegesmahlzeit an authentischem Ort in der Überschrift ihres Unterkapitels als »Literarische Ausschmückungen« subsumiert, so erschöpft sich ihre Arbeit nicht darin, die Überlieferung vom Schmuck zu befreien und auf den aktenmäßigen Kern zurückzuführen. Im Zuge der Anreicherung durch die teilweise malerisch erzählende Phantasie wuchs den Protokollen vom erzwungenen Kunstbesitzerwechsel erst ihre Bedeutung für das kulturelle Gedächtnis zu – und den Kunstwerken oder Kulturgütern ihr in den Verlustregistern deklarierter Wert. Die Historikerin Savoy verknüpft die Fäden ihrer Quellenstudien mit nachsichtiger Ironie. Für die (implizite) Bewertung des Projekts der Restitution ergibt sich aus dem Ansatz ihrer Forschung so etwas wie eine methodisch begründete Skepsis. Die Rückgabeforderungen machten im Namen der beraubten Völker eine moralische Unentbehrlichkeit der Objekte geltend, die den Alteigentümern erst durch die Entwendung zu Bewusstsein gekommen war und vorher gar nicht auf den Begriff hätte gebracht werden können. Savoy hatte zweihundert Jahre nach den Ereignissen nicht mehr Partei zu ergreifen, als sie als französische Forscherin ein für die kulturellen Beziehungen zwischen Frankreich und Deutschland fundamentales Geschehen untersuchte. Ihr ironischer Zugriff hatte eine irenische

Pointe: Sie zeigte, wie im Streit der »Kulturnationen« um »Raub« und »Heimführung« von Kunst die Standpunkte der Parteien einander wechselseitig bedingten. Die Kunst, die solche Verstrickung vor Augen führt, darf man diplomatisch nennen.

Treitschke, ein durch und durch undiplomatischer Geschichtsschreiber, war gleichwohl ebenfalls ein Ironiker. Die kulturhistorische Episode, die er in den Bericht über die Friedensverhandlungen einbaute, dient einem didaktischen Zweck: Sie führt den Primat der politischen Geschichte vor Augen, das Ziel seiner nationalpädagogischen Aufklärung. Mit Jubel reagiert Jacob Grimm auf die verspätete Vorführung des von den Verlierern von 1815 in einem Schuppen versteckten Siegeswagens – aber er hat sich zu früh gefreut. Die von der Regierung Ludwigs XVIII. bewilligten Rückgaben beschränken sich auf symbolische Gesten. Bei näherem Hinsehen sind die herausgegebenen Gegenstände eher von anekdotischem Interesse: »Auch der Degen Friedrichs des Großen fand sich wieder.« Der preußische König Friedrich Wilhelm III. hatte »wie sein treues Volk« nach der Kapitulation der Franzosen »als selbstverständlich« angenommen, »dass die mit Verhöhnung alles Völkerrechts zusammengeraubten Kunstschätze jetzt zu ihren rechtmäßigen Eigentümern zurückkehren würden«; er »forderte alles zurück« und »erreichte in der Tat eine mündliche Zusage«. Dieses Vertrauen darauf, dass der Rechtsstandpunkt sich von selbst durchsetzen werde, erweist sich im Gang von Treitschkes Erzählung rasch als naiv, und auch der junge engagierte Gelehrte Grimm, der es sich zu schnell mit der Siegesgöttin gemütlich gemacht hatte, musste sich von den Ereignissen belehren lassen.

Am 7. August 1814 wurde beim feierlichen Einzug der preußischen Truppen in Berlin die erneut auf dem Brandenburger Tor installierte Quadriga enthüllt. Treitschkes Leser dürften nicht nur das Original gekannt haben. Savoy hat dargelegt, wie »die konfiszierte und wiedereroberte Berliner Quadriga« durch Reproduktionen zum geschichtspolitischen Vehikel wurde, »zum Wahrzeichen einer kollektiven Erinnerung an den Kunstraub«. Eine Art Souvenirproduktion im Rahmen der öffentlichen Kunst setzte ein: Der Geist der Schlacht von Paris mit den Gesichtszügen der Königin Luise in einer der zwölf Nischen des Kreuzbergdenkmals trägt in der rechten Hand eine kleine Quadriga; auf dem Sockel des Blücher-Denkmals Unter den Linden ist die Übergabe in Paris dargestellt. 203 Jahre nach den Feiern um die heimgekehrte, von Karl Friedrich Schinkel mit einem neuen Siegeszeichen ausstaffierte Wagenlenkerin wurde die Restitution nationalen Kunstbesitzes noch einmal zu einem volkstümlichen Thema im deutschen Bildungsbürgertum, also bei den Bürgern, die sich für Museen oder wenigstens für Museumspolitik interessieren. Bénédicte Savoy, Professorin für Kunstgeschichte an der Technischen Universität Berlin, die gemeinsam mit Felwine Sarr, einem Wirtschaftswissenschaftler aus dem Senegal, im Auftrag des französischen Staatspräsidenten Emmanuel Macron einen Bericht über die Rückgabe französischen Museumsguts an Afrika verfasste, war die Symbolfigur dieses Interesses. Sie erwarb, wie die Presse vermerkte, »den Ruf eines Popstars« und erntete bei ihren öffentlichen Auftritten den diesem Stand gemäßen Jubel. Die Verlebendigung der auf den ersten Blick akademischen Materie nahm wieder die Form von Anekdoten an. Darin mag eine Art von Notwendigkeit liegen: Der Stoff hat mythologisches Potential, schreibt Objekten aus Holz, Stein oder Bronze so etwas wie einen Bewegungsdrang zu. Eine der Anekdoten dreht sich wieder um die Quadriga.

Die Person, die mit Schadows Werk in dieser Geschichte symbolisch interagiert, ist Bénédicte Savoy, und sie hat die Anekdote selbst erzählt. In einem Zeitungsinterview beantwortete sie die Frage, wie sie eigentlich zum Thema Kunstraub gekommen sei. »Über das Brandenburger Tor in Berlin. Oder besser gesagt: unter dem Brandenburger Tor. Ich fuhr damals täglich mit dem Fahrrad durch das Tor zur Arbeit und erfuhr irgendwann, dass Napoleon 1806 die Quadriga darauf hatte beschlagnahmen und als Trophäe nach Paris verschicken lassen. Daraufhin habe ich angefangen, über Napoleons Kunstraub in Deutschland zu forschen.« Das einleitende Wortspiel schlägt einen heiteren Ton an: Die Leser haben keine erschöpfende Auskunft zu erwarten. Die anekdotische Veranlassung der Entdeckung des Sujets, das Savoy zum wissenschaftlichen Lebensthema wurde, gibt einen Wink, wie sie ihren Standpunkt gesehen wissen möchte. Zufällig kam sie zu ihrem Thema – also ohne Agenda. Als Französin, die in Deutschland arbeitete, mag sie für die Aufgabe prädestiniert gewesen sein. Aber die Anekdote handelt zugleich davon, dass sie das Thema zunächst nicht entdeckte. Hundertmal oder öfter wird sie wohl unter dem Tor hindurchgefahren sein, ohne zu bemerken, welches Desiderat der Forschung da im touristisch überlaufenen Stadtraum stand. Ihre Selbstironie ist so flink und elegant, wie man sich ihr Fahrrad vorstellt. Das rhetorische Gefährt hat einen Gepäckträger: Beiläufig führt Savoy einen Hauptgedanken ihrer Überlegungen zur Kunstraub-Problematik ein – das weithin Sichtbare oder allgemein Bekannte kann identisch sein mit dem Unerforschten und Verdrängten.

Ihre Autorität in den öffentlichen Kontroversen über nationale und internationale Kulturpolitik schöpft Savoy aus ihrer professionellen Kompetenz, der fachlichen Zuständigkeit für die Geschichte von Kunstraub und Restitution. Die Etablierung eines Forschungsfeldes mit den Koordinaten des Ortswechsels und des Eigentümerwechsels von Kunstwerken wird mit ihrem Namen verbunden. An der TU Berlin leitet sie ein Forschungszentrum, das dieses Feld erschließen soll. Der Neologismus »Translokation« zur Angabe des Oberthemas signalisiert Wissenschaftlichkeit mit den Assoziationen von Sachlichkeit und Neutralität. Markiert wird ein Standpunkt, der in einem gleichsam cartesischen Sinne abgehoben erscheint: Aus möglichst großer Höhe soll ein denkbar allgemein gefasstes Phänomen vergleichend untersucht werden. Der Begriff Translokation ist wertfrei: Kunstraub ist nur einer von mehreren Typen der Verlagerung von Kunst im Raum.

Provenienzforschung wird typischerweise als Auftragsforschung betrieben. Eine Spitzenforscherin, die in einer solchen boomenden Branche Forschungen koordiniert und evaluiert, ist auch als Ratgeberin gefragt und kann Chancen institutioneller Mitwirkung nutzen. Savoy vereint in der Restitutionsdebatte mehrere Rollen in ihrer Person. Als öffentliche Intellektuelle begeistert sie ein deutsches Publikum, das von der Sorge umgetrieben wird, der redegewandte Geistesmensch mit unbändiger Lust an der publizistischen Intervention sei eine vom Aussterben bedrohte Spezies. Das Ideal des Intellektuellen als öffentlicher Person ist untrennbar mit Frankreich verbunden, und Savoy enttäuschte die Erwartungen an Witz, Klarheit und Übersicht nicht, die sich an diese Genealogie knüpfen. Die Tätigkeit einer Forscherin und Forschungsmanagerin spielt sich insoweit prinzipiell in der Öffentlichkeit ab, als ihr Zweck in der Hervorbringung von Publikationen besteht. Das Wirken einer Expertin ist nicht im gleichen Ausmaß öffentlich. Die Bereitstellung von fachlich begründetem Rat, der auf Wunsch mündlich erläutert werden kann, hat diplomatische Anteile. Gerade die Unabhängigkeit, die bei Forschung in institutionellem Auftrag zugesichert wird, schafft Spielraum für die vertrauliche Mitteilung von Einschätzungen der möglichen Folgerungen aus Forschungsergebnissen. Es macht die Eigenart der Restitutionsdebatte aus, dass unter den wichtigen Akteuren Institutionen herausragen, Museen und Museumsverbünde. Sie werden in eigener Sache tätig, wenn sie sich äußern. Die Macht, die ihnen zugeschrieben wird, ist umgekehrt proportional zu der Freiheit, mit der ihre Direktoren sich äußern können. Diese Amtspersonen müssen dafür sorgen, dass die Institutionen ihre gesetzlichen Pflichten erfüllen können, und haben als Personen dienstliche Pflichten, die sich aus diesen Aufgaben ergeben. Wird die Rechtmäßigkeit von Museumsbesitz Debattenthema, wird schon der öffentliche Hinweis von Museen auf ihren gesetzlichen Auftrag als Handlung der Abwehr verstanden. So unterbleibt oft der Versuch, diesen Auftrag und seine rechtliche Ausgestaltung zu erklären.

Bénédicte Savoy hat in den von ihr ausgelösten Debatten regelmäßig die Macht der Museen zum Thema gemacht. Man konnte sie so verstehen, als sehe sie darin so etwas wie einen unfairen Startvorteil der Besitzenden in der öffentlichen Auseinandersetzung. Ihr gab ihre Prominenz jenseits der Fachöffentlichkeit die Möglichkeit, verschiedene Rollen nicht nur in ihrer Person zu verbinden, sondern auch gleichzeitig wahrzunehmen. So betreute sie am Fachgebiet Kunstgeschichte der Moderne der TU Berlin ein Teilprojekt eines vom Bundesministerium für Bildung und Forschung finanzierten Verbundprojekts, in dem das seit 1937 im Berliner Naturkundemuseum aufgestellte Dinosaurierskelett nicht als Zeugnis der Naturgeschichte, sondern als »politische, wissenschaftliche und populäre Ikone« untersucht wurde. Als im Januar 2019 das Buch mit den Ergebnissen der Verbundforscher im Museum der Presse vorgestellt wurde, saß Savoy gemeinsam mit dem Museumsdirektor Johannes Vogel auf dem Podium. 1909 waren die Knochen in der Kolonie Deutsch-Ostafrika von Paläontologen des Berliner Museums ausgegraben worden. Die Ausgrabungsstätte liegt auf dem Gebiet des heutigen Tansania. Zu der Frage, ob das Skelett nach Afrika zurückgebracht werden solle, äußerte sich die Spezialistin für die Modalitäten von Translokationen beim offiziellen Pressetermin zurückhaltend. Ein Zeitungsbericht vermerkte das als »seltsam« – denn nur zwei Monate lag damals die Übergabe des Macron-Berichts zurück, und in den deutschen Kulturnachrichten standen afrikanische Restitutionsfragen immer noch oben.

Aber für denselben Zeitungsbericht hatte Savoy in ihrem Büro in der Universität Rede und Antwort gestanden. Zu den Folgen einer möglichen Herausgabe äußerte sie sich in Form rhetorischer Fragen: »Wäre es denn so dramatisch, eine komplette Gips-Simulation im Naturkundemuseum aufzustellen? Wie schlimm wäre es für das Publikum, wenn die Originalknochen wieder in unmittelbare Nähe zu ihrer Fundstelle zurückgingen?« Savoy achtete mithin darauf, in ihren sprachlichen Mitteln einen wissenschaftsaffinen, vielleicht könnte man auch sagen: einen parawissenschaftlichen Modus der hypothetischen Rede zu kultivieren. Ihre Fragen klangen fast nach Forschungsfragen (aber nur fast). In die Annahme, dass das Publikum wohl auch mit einer Kopie vorliebnehmen würde, gingen mutmaßlich Erfahrungen mit ihrem eigenen Publikum ein. Sie traf bei ihren Vorträgen auf Leute, denen die Ideenverbindung von Original und Fundstelle, die Vorstellung der Identität von Herkunftswelt und Zielort eines zeitweilig translozierten Objekts besser gefiel als jede noch so schöne oder lehrreiche Präsentation im Museum. Das Projekt der Lokalisierung der historischen Gerechtigkeit hat etwas ästhetisch Befriedigendes für ihr Publikum von Hochbildungsbürgern, die man sich als weitgereist vorstellen kann. Es lag damals der deutschen Regierung keine Rückgabeforderung aus Tansania vor; im Gegenteil hatte die Regierung von Tansania erklärt, dass sie einer Rückgabe die Kooperation von Museen beider Staaten vorziehen würde. Die gesamte Erörterung des Falles hatte schon von daher etwas Hypothetisches. Savoy brachte gegenüber dem Zeitungsjournalisten die Möglichkeit eines deutschen Rückgabeangebots ins Spiel – und zwar mit museumsdidaktischer Intention, im Interesse der Aufklärung oder seelischen Erhebung der Berliner Besucher. In der damaligen Darbietung der Knochen im Lichthof des Museums vermisste sie Informationen über den historischen Kontext. Schon der bloße Akt der Restitutionsofferte, die Auszeichnung des Skeletts als einer Sache, die auf Wunsch abgeholt werden konnte, war in diesem moralischen Vakuum von »Museumsraum« in ihren Augen eine inspirierende Ergänzung. »Ein solches Signal wäre doch schon eine Bereicherung. Würde man sagen: Warum nicht? Lasst uns darüber nachdenken! Das brächte neue Energien, neue Gelüste.«

Die Rückgabe als Geste, aber auch umgekehrt die Geste als Vorwegnahme und vielleicht als Ersatz der Rückgabe: In ihren spontanen Einlassungen gegenüber dem journalistischen Besucher spielte Savoy mit Ideen einer symbolischen Ökonomie des Tauschs, die als gesunkenes Kulturgut ethnologischer Provenienz Gemeinbesitz der Gebildeten geworden sind. Den Europäern, die ungebeten den Plan in den Raum stellten, den 13 Meter hohen und 15 Meter langen Saurier zu zerlegen, zu verpacken und zu verschicken, sollten durch dieses Zurschaustellen von Verzichtsbereitschaft Energien zuwachsen. Ins Auge fällt Savoys Vorliebe für Wortfelder

der Kollektivpsychologie. Restitution verheißt Lustgewinn als Belohnung für freiwilligen Verzicht. Auch und erst recht ein entleerter Museumsraum muss kuratiert werden. Museen, die Bestände fortgeben, können sich aufs Gefühlsmanagement verlegen, unter wissenschaftlicher Beratung. Über diese gesprächsweise ausgestreuten Anregungen zeigte sich der Direktor des Naturkundemuseums im gleichen Artikel, der sie in die Welt setzte, irritiert – und Johannes Vogel nahm gerade an der Unverbindlichkeit dieser Ratschläge Anstoß, am Gestus des bloßen Gedankenspiels als des unbezahlten Kerngeschäfts einer freischwebenden Intellektuellen. In welcher Funktion sprach seine Verbundpartnerin und Mitforscherin da gerade? »Sie müsste schon deutlich machen, ob sie als Wissenschaftlerin spricht oder als Aktivistin. Aber diese Vermischung passt natürlich gut zur Rolle, die sie in der derzeitigen Debatte spielt.«

Mit solchen Vorhaltungen und Vorbehalten rechnend, war Savoy stets darauf bedacht, die Entmischung ihrer Rollen als ihr eigenes Anliegen auszugeben. So eröffnete sie das Bürogespräch über ihre Ansichten zur Zukunft des Berliner Sauriers sogar vorsorglich mit dem Hinweis, dass sie »nicht als Expertin für naturkundliche Exponate sprechen« könne, sondern nur »als Kunsthistorikerin«. Die Expertin spricht nur über das Feld, in dem sie sich auskennt und dessen Grenzen sie zur Wahrung ihrer Glaubwürdigkeit im Zweifel lieber enger als weiter zieht. Wie der Historiker Caspar Hirschi in seinem Buch über den Experten als Akteur in den für die moderne Öffentlichkeit charakteristischen Skandalen herausgearbeitet hat, ist es für den Habitus des Experten schon seit der frühen Neuzeit konstitutiv, dass er auf Fragen antwortet, die ihm vorgelegt werden, von einer Behörde, einem Gericht oder in jüngerer Zeit immer öfter auch von der Presse oder anderen Medien. Der von Präsident Macron bei Sarr und Savoy bestellte Bericht folgt diesem Schema exakt: Die Fragen waren vorgegeben, und die Aufgabe der Berichterstatter beschränkte sich auf die Beantwortung der Fragen. Für Savoys Selbstdarstellung ist die vorgeschaltete Statusmitteilung typisch. Sie spricht gelegentlich »als Französin« und fast immer »als Wissenschaftlerin«. Indem sie die Rolle einer öffentlichen Expertin annimmt, markiert sie zugleich ausdrücklich die Grenzen nicht nur ihres Expertenwissens, sondern von Expertise überhaupt: Für bestimmte Fragen will sie von vornherein nicht zuständig sein. Sie ergreift als Wissenschaftlerin das Wort oder lässt sich als Wissenschaftlerin das Wort erteilen und besteht dann auf einer kategorischen Unterscheidung zwischen Wissenschaft und Politik, fast im Sinne einer Zwei-Reiche-Lehre. Der Wissenschaft wird dabei das Empirische zugeordnet, der Politik das Normative. In diesem Sinne erklärte Savoy im Gespräch mit dem »Spiegel«: »Als Wissenschaftlerin ist es nicht meine Sache, eine Rückgabe zu fordern.« Fast dasselbe sagte sie in dem Interview, in dem sie von ihrem Aha-Erlebnis unter dem Brandenburger Tor berichtete: »Ich als Wissenschaftlerin habe nicht zu entscheiden, was zurückzugeben ist, das ist Sache der Politik.« Sie bezeichnete diesen Satz dort sogar als ihre »übliche Antwort«: die Standardantwort, die sie angeblich immer gab, wenn sie nach der Wünschbarkeit einer bestimmten Restitution gefragt wurde.

Das Formelhafte, die wörtliche Wiederholung feststehender Wendungen unter ausdrücklichem Hinweis auf die Wiederholung, ist allerdings nicht für die wissenschaftliche, sondern für die politische Kommunikation typisch. Und obwohl wissenschaftliche Erkenntnis ständig fortschreiten soll und vom Wissenschaftler daher nonchalante Routine in der Selbstkorrektur erwartet wird, konnte Savoy mit dem Verweis auf die Konstanz der Aussagen ihres wissenschaftlichen Werkes den nicht ausgesprochenen Verdacht zurückweisen, sie habe die Konjunktur des Restitutionsthemas als Chance zur Profilierung genutzt und ihre Ansichten der politischen Nachfrage angepasst. Nur die Rezeption ihrer Arbeit habe sich geändert, sagte sie dem »Spiegel«, nicht deren Botschaft. »Ich sage die ganze Zeit dasselbe, seit vielen Jahren schon, ich sage heute nichts anderes als das, was ich vor 10 oder auch 20 Jahren gesagt habe, doch plötzlich werde ich auch von vielen außerhalb der wissenschaftlichen Welt gehört, und meine Arbeit als Kunsthistorikerin hat politische Schlagkraft.« Demnach soll auch in ihrem Buch über den im Namen Napoleons veranstalteten Kunstraub und in den das Buch flankierenden Studien »dasselbe« stehen wie in dem von ihr mitverantworteten Bericht für Napoleons republikanischen Nachfolger Macron, wenn man nur dem Gattungsunterschied zwischen einer wissenschaftlichen Abhandlung und einer von Wissenschaftlern in amtlichem Auftrag abgefassten Denkschrift Rechnung trägt.

Was ist es, das Savoy immer wieder sagt? Die Arbeit, die von ihrer persönlichen Wiederentdeckung der Geschichte der Quadriga angestoßen wurde, fasste sie so zusammen: »Ich tauchte in die Gründungsgeschichte des Louvre ein, die Geschichte einer riesigen Beschlagnahmung von Kunstwerken in ganz Europa um 1800. Ich habe mir die ganze Sache vor allem aus der Sicht der Opfer angeschaut: Was sagen die Brüder Grimm, Schiller, Goethe, die Öffentlichkeit dazu, dass man diese Sachen in Deutschland oder Italien wegnimmt und nach Paris bringt? Dadurch habe ich eine historische Empathie für die Enteigneten entwickelt.« Das Ergebnis von Savoys Forschungen stellt sich in dieser persönlichen Bilanz als eine moralische Einstellung oder Haltung dar. Ein Erkenntnisgewinn dieser Art unterläuft die Unterscheidung zwischen Wissenschaft und Politik – oder vielleicht besser: stellt in Aussicht, dass die Trennung von Empirie und Normen, Beschreibungen und Entscheidungen überbrückt werden kann. Die Arbeit einer Kunsthistorikerin bekommt dann politische Schlagkraft, wenn Leser beherzigen, was die Autorin ihnen unausdrücklich nahelegt, durch gewissenhafte Erfüllung ihrer wissenschaftlichen Pflichten. Savoy hob die rezeptive Seite dieser Pflichten hervor, das Anschauen und Hinhören. Die Konsequenzen für das tätige Leben müssen die Leser selbst ziehen, Politiker, Bürger und Museumsbesucher. Eine so beschriebene Wissenschaft übernimmt eine der Funktionen von Literatur. Der Roman galt einmal als die Schule der Empathie.

Was Savoy im Abstand von zwei Jahrzehnten über ihr frühes wissenschaftliches Großwerk zu Protokoll gab, ist selbst der wissenschaftlichen Überprüfung zugänglich. Als Leitfrage des Kunstraub-Buches formulierte die Autorin: »Stimmt die Erzählung der Begebenheiten mit den zeitgenössischen Zeugnissen überein?« Es war Savoys Absicht, »die Erzählung der Ereignisse mit der Realität der französischen und deutschen Archivfunde systematisch zu konfrontieren«, um in der quellenkritischen Tradition einer aufklärerischen Geschichtswissenschaft die Erzählung von mythischen Anteilen zu säubern. So kann man heute das Buch, das eine bedeutende Begebenheit in der Geschichte seines Faches war, als Zeugnis neben die Erzählung legen, zu deren Gegenstand die Autorin es gemacht hat. Die Wahrheitsfrage wird sich dabei nicht so direkt stellen wie beim Abgleich erzählerischer Quellen mit Archivalien. Von ihren Gewährsleuten auf französischer und auf deutscher Seite wollte Savoy wissen: »Schreibt man über Kunstraub, um die Gegenseite an den Pranger zu stellen oder um das eigene Lager anzustacheln?« Savoy schrieb und schreibt ihrerseits über Kunstraub, aber wenigstens für die Doktorarbeit kann man diese Frage nicht stellen, weil es in ihrem damaligen Schaffen noch keine Gegenseite gab. Man beachte, wie subtil sie im Blick auf die Verfasser von Streitschriften und Memoiren das Spektrum der Intentionen bestimmte. Dass es beim Thema Kunstraub polemisch zuging, konnte vorausgesetzt werden. Wie die Parteinahme in die Darstellungen einging, ist eine Frage nach den Adressaten. Richtete sich ein Autor an das gegnerische »Lager« oder an das eigene? Setzte man auf Provokation und Beschämung oder auf Erbauung und Schmeichelei? Bei »Räubern« und »Beraubten« – Savoy setzte diese asymmetrischen Gegenbegriffe in Anführungszeichen – galt es die »unterschiedlichen dokumentarischen Interessen« zu berücksichtigen, nicht nur die unterschiedlichen Interessen in der Sache, sondern das unterschiedliche Gewicht verschiedener Formen und Techniken der Dokumentation und Kommemoration. So versprechen die auto-historiographischen Auskünfte einer Spezialistin für das kulturelle Gedächtnis Rückschlüsse auf ihr eigenes dokumentarisches Interesse.

Dass Savoy in ihrer Zusammenfassung ihrer Kriminalgeschichte des Louvre Goethe, Schiller und die Grimms als Sprecher der deutschen Opfer aufruft, könnte irreführende Erwartungen wecken, was den Umfang ihrer Ausführungen über diese vier Autoren in ihrem Kompendium der Restitutionsdebatte um 1800 betrifft. Die vier Zeugen sind offenkundig wegen ihrer Prominenz ausgewählt worden; sie sind die deutschen Klassiker schlechthin, ihre Werke bilden in der Summe einen großen Batzen des immateriellen nationalen Kulturbesitzes. Dem spezialistischen Thema des Kunstschutzes wird durch solche Gewährsleute eine allgemeine Weihe zuteil.

In ihrer Antrittsrede in der Deutschen Akademie für Sprache und Dichtung hat Bénédicte Savoy die anrührende Geschichte erzählt, dass ihr Ehemann Johannes Grützke, »mein sehr deutscher Maler«, ihr auf französischem Boden, in einem bestimmten Wald in der Normandie, auf einem bestimmten Spazierweg jedes Mal Schillers Ballade »Die Kraniche des Ibycus« vorgetragen habe, »bis ihm die Tränen flossen«. Savoy versteht sich auf eine Rhetorik des »Sieh da«, eine appellative Emblematik: In ihren Vorträgen hat oft ein Einzelfall oder Einzelding Signalcharakter, verweist auf so etwas wie moralische Evidenz. Die Vortragende zeigt dann, im Bild und bisweilen sogar durch Vorzeigen eines Objektes, was sie als Wissenschaftlerin so einfach nicht sagen könnte. Schiller tritt in Savoys Buch als Verfasser der »berühmtesten und sicherlich auch am häufigsten zitierten Verse über Kunstraub überhaupt« auf. Das Gedicht »Die Antiken zu Paris«, gedruckt 1803 in Beckers »Taschenbuch zum Geselligen Vergnügen«, bezieht sich auf die Eröffnung des ersten Pariser Antiken-Museums am 9. November 1800. Der Dichter klagt die Kunsträuber an, indem er die Tat als vergeblich hinstellt. Die aus Italien entführten griechischen Kunstwerke sind »Siegstrophäen«, die »in prangenden Museen« dem »erstaunten Vaterland« gezeigt werden. Aber das Staunen bringt keine Erkenntnis hervor, der von unrechtmäßiger Aneignung genährte Kulturpatriotismus bleibt unfruchtbar. Der Franzose tritt in seiner mittelalterlichen, ungebildeten Urgestalt in Erscheinung: als »der Franke«. Diesem barbarischen Kollektivsingular stehen die Griechen in der Mehrzahl gegenüber: die trotz Anonymität individuellen Schöpfer der geraubten Statuen. Schiller sagt dem Franken voraus, dass er an seiner Beute keine Freude haben wird. »Ewig werden sie ihm schweigen, / Nie von den Gestellen steigen / In des Lebens frischen Reih'n.« Die Schlussverse kontrastieren immaterielles Eigentum und materiellen Besitz: »Der allein besitzt die Musen, / Der sie trägt im warmen Busen – / Dem Vandalen sind sie Stein.« Die historische Anspielung der Schlusspointe formuliert ein Paradox: Indem der Franke sich in einen germanischen Verwandten verwandelt, den Vandalen, der Rom im Jahr 455 nach Christus plünderte, erweist sich die Aufbewahrung der Kunst in den Museen als eine Variante ihres Gegenteils, der Kunstzerstörung, für die der Abbé Grégoire, ein Priester und Abgeordneter der französischen Nationalversammlung, wenige Jahre zuvor, 1794, in einer Rede den Begriff des Vandalismus geprägt hatte.

Schillers Kunstbegriff ist radikal idealistisch: Der Vandale ist für die Bildung verloren, weil er die Marmorbilder als das ansieht, was sie wirklich sind, in ihrer materiellen Zusammensetzung. Der Dichter protestiert nicht im Namen der Völker, der Italiener oder der Deutschen, aus deren Ländern die dort ursprünglich gar nicht beheimateten griechischen Standbilder weggeführt wurden. Die einzige Nation, die Erwähnung findet, ist die französische: als Vaterland, das in den Genuss eines Erbes kommt, mit dem es nichts anzufangen weiß. Nicht der Verlust der Beraubten ist das Thema, sondern die Unfähigkeit der Räuber, aus den Trophäen Gewinn zu schlagen. Unrecht ist der ganzen Menschheit geschehen. Das muss nicht ausgesprochen werden: In der Vorstellung des Dichters handeln die Kunstwerke für die verletzte Kulturwelt. Sie handeln, indem sie nichts tun, sondern reglos und stumm auf den Sockeln verharren. In Savoys Worten beantwortete Schiller »die Frage nach dem Eigentum an den Werken auf seine Art«. Ein ewiger Verbleib des Raubguts in Paris wird ausdrücklich als möglich hingestellt. Wenn das wahre Eigentum das geistige ist, erübrigt sich die Restitution. Savoy ordnet diese Vorstellungen der »Kunstreligion« zu. Schiller habe den tröstenden Gedanken auf den Punkt gebracht, dass »der wahre Kunstsinn« eine »innere Bereitschaft des Gemüts« sei.

August Wilhelm Schlegel hatte in einem von Savoy zitierten Gedicht schon 1797 »Die entführten Götter« zu Wort kommen lassen, um die Idee eines gegen Enteignung gefeiten ideellen Eigentums vorzutragen: »Ihr geizt umsonst nach des Olympus Mächten! / Wer würdig uns zu ehren weiß / Trägt uns in seiner Brust, sein eigen«. Savoy datiert die Entstehung von Schillers Gedicht auf 1801 und führt aus, dass sich zum Zeitpunkt seiner Abfassung »die Tendenz der Kritik in der deutschen Öffentlichkeit« schon »umgekehrt« hatte. Nun herrschte die Bereitschaft vor, die Sicherung, Erschließung, geordnete Aufstellung und öffentliche Präsentation der nach Frankreich verbrachten Kunstwerke als Kulturleistungen anzuerkennen und die Franzosen als Museumsgründer positiv von den Italienern abzuheben. Die »Allgemeine Literatur-Zeitung« aus Jena ließ in ihrem Bericht über das Pariser Antiken-Museum die »Streitfrage« ausdrücklich offen, »ob es für Kunst und Kunstgeschichte reiner Gewinn oder Verlust sei«, dass die französische Nation »ihre Siege jenseits der Alpen mit der Entführung der edelsten Kunstwerke bezeichnete«. Die Menschheit hatte im Zuge der Debatte sozusagen die Seite gewechselt. Nun hieß es, als »Gemeingut aller kultivierten Menschen« seien die Kunstschätze in Paris gut aufgehoben, da die Französische Republik ihre

»Unverletzlichkeit, Sicherheit und Brauchbarkeit« garantiere.

Schillers »zwölf knappe Verse«, wie Savoy »Die Antiken in Paris« charakterisiert, werden in ihrem Buch ein zweites Mal als Zeugnis angeführt, für den Stand der Debatte im Wendejahr 1815. Die Verschiebung der Diskussion, die Savoy beschreibt, war auch eine Ortsverschiebung, von Weimar ins Rheinland. Der von Joseph Görres gegründete, in Koblenz redigierte »Rheinische Merkur« gab »den Takt an« und propagierte die Heimführung der napoleonischen Beutekunst als nationale Ehrenpflicht im Interesse der Selbstvergewisserung der Deutschen. Der erste Artikel, der im »Rheinischen Merkur« zum Thema erschien, in der Ausgabe vom 4. Juli 1815, war allerdings noch ein »Plädoyer für den Verbleib der geraubten Werke in Paris«. Schillers Verse hatte der mit »h« signierende Verfasser als Motto über den Text gesetzt: Nun wurde aus Schillers Vergeistigung des kulturellen Eigentums also die politische Konsequenz eines Verzichts auf Rechtsansprüche gezogen. Obwohl der unbekannte Verfasser mit diesem Vorschlag noch nicht einmal im eigenen Blatt durchdrang, war er auf der Höhe der Zeit, insofern seine Argumente von einer Ideenverbindung bestimmt werden, deren Prominenz eines der wichtigsten Resultate von Savoys Untersuchung ist, »der engen Koppelung der Restitutionsfrage mit der Frage der zeitgenössischen Kunst in Deutschland, deren Wiedergeburt in den

Augen der Patrioten den nationalen Zusammenhalt garantieren sollte«.

Der rasche Wechsel der weltpolitischen Ereignisse gab den Akteuren des kulturpolitischen Streits zu Positionskorrekturen Anlass, aber nicht nur im Sinne des Opportunismus. Es traten, darin liegt so etwas wie die kunstphilosophische Implikation von Savoys ironischem Erzählverfahren, nacheinander verschiedene Aspekte des Gegenstands ans Licht, des national wertvollen Kunstbesitzes, wie man die Gestalt einer Skulpturengruppe nur dadurch erfassen kann, dass man um sie herumgeht. Die Rede ist von einem Gegenstand, der von intellektueller Phantasie hervorgebracht wurde. Und diese produktive Funktion der Phantasie wurde in den mehr oder weniger ad hoc hervorgebrachten Theorien über Kunst als Gemeingut selbst thematisch. Das erklärt die Stellung, die der Autor mit dem Kürzel »h« zur Restitutionsfrage bezog. Man kann sie als paradox beschreiben: Gerade die Überzeugung von der nationalen Bestimmung der Kunst, die er mit dem anderen Lager teilte, bewog ihn, der Nation den Verzicht nahezulegen. Er vertrat »eine dynamische«, altmodisch gesagt: romantische »Auffassung nationalen Schöpfertums«. Den Gesamtbestand des Entwendeten teilte er in zwei Mengen ein. Entweder es handelte sich nicht um deutsche Kunst, sondern um Werke etwa der italienischen oder der holländischen Schulen – sie konnte die aus eigener Kraft schöpfende Nation entbehren. Oder es handelte sich um deutsche Kunst – sie bewies eine nationale Produktivität, deren Quellen man sich als Patriot nicht ausgetrocknet denken konnte. Die alte deutsche Kunst durfte dann im Museum auf fremdem Boden verbleiben. Auch wenn dieser Mitarbeiter von Görres mit dem Schiller-Motto noch einmal das klassische Ideal einer kanonischen Kunst aufrief, ist die Hinwendung zu einer Nation, deren wahres Dasein noch in der Zukunft liegen soll, hier mit der Abwendung vom Modell der künstlerischen Schöpfung durch Nachahmung von Vorbildern verbunden.

Der Optimismus, der in die Chancen eines deutschen Kunstaufbruchs investiert wurde, lenkte von der Verlegenheit ab, dass sich in den alten deutschen Sammlungen nicht sehr viele deutsche Meister befunden hatten. Die deutschen Fürsten hatten als Sammler mit ihren europäischen Standesgenossen konkurriert, gemäß den Maßgaben eines internationalen Geschmacks. Wie Savoy feststellt, ergaben sich daraus Schwierigkeiten »für die Ausbildung einer überzeugenden patriotischen Argumentation zugunsten der Restitutionen«. Der Konzeption eines schützenswerten nationalen Kulturbesitzes, wie Savoy sie aus der Debatte um 1815 rekonstruiert, ist dieses Legitimationsproblem abzulesen – mit Konsequenzen noch für das heutige Gesetzesrecht des Kulturgutschutzes. Mit der wiedergewonnenen Raubkunst, deren berühmteste Stücke buchstäblich in Triumphzügen und Prozessionen an ihre Bestimmungsorte gebracht wurden, verhielt es sich anders als mit gewöhnlichem Diebesgut. Die Zeit der Abwesenheit durfte nicht in Vergessenheit geraten; sie war zwar kurz gewesen, blieb aber nicht Episode. Denn nur die Erinnerung an den Raub verlieh den restituierten Werken eine nationale Bedeutung, die man ihnen nicht ohne weiteres ansehen konnte. »Weil sie verloren und wiedererobert wurden, konnten die Kunstwerke von nun an als Projektionsfläche identitätsstiftender Gefühle dienen; entsprechend der in Frankreich seit dem zweiten Jahr der Republik erarbeiteten Symbolik, wurde der ›nationale‹ Kunstbesitz nun eng mit der allgemeineren Frage der politischen Wiedergeburt verknüpft.«

Der deutsche Begriff des nationalen Kunstbesitzes war in dieser Sicht also keineswegs eine Negation der französischen Konzeption und ihres Universalismus und Imperialismus, sondern ganz im Gegenteil so etwas wie eine Kopie. So verwendete Görres in seinem Leitartikel im »Rheinischen Merkur« vom 6. August 1815 einen aus der französischen Rechtssprache geläufigen Begriff: »Die Wiederforderung dieser Gegenstände, die allgemein als ein unveräußerliches Volkseigentum betrachtet werden, beschäftigt die Geister in Deutschland stark und sehr.« Savoy widerspricht Görres explizit: »Anders als Görres kategorisch behauptete, waren die beschlagnahmten Kunstgegenstände im Sommer 1815 noch weit davon entfernt, in ganz Deutschland als nationales ›Volkseigentum‹ zu gelten.« Und nur einen Monat vor dem Artikel von Görres hatte ein Autor seines eigenen Organs das Volk durch Gebrauch der ersten Person Plural als einen Eigentümer angesprochen, der über seinen Kunstbesitz frei verfügen – ihn also auch verschenken konnte. Bei den Geistern in Deutschland, die sich auch ohne Aufforderung durch Görres stark mit dem Thema beschäftigten, betont Savoy durchgehend das Nuancierte und Zwiespältige dieser Beschäftigung, den echten Ausdruck starken Nachdenkens.

Den Rahmen der Erörterungen gab die Abwicklung der Folgen eines jahrzehntelangen Krieges vor. Die Politisierung der Thematik verstärkte den Homogenitätsdruck des öffentlichen Gesprächs, so dass Perspektivwechsel eher in privater Kommunikation erprobt wurden. Bezeichnend nennt es Savoy, dass die »mit den Restitutionen beauftragten Kommissare im privaten Umfeld einen ambivalenten Diskurs« entwickelten, »in dem sich die Sphäre der Eigeninteressen von der Staatsräson trennte«. Diese Eigeninteressen schlossen das Interesse der staatlichen Beauftragten an ihrem Gewissen beziehungsweise ihrer Reputation für Gewissenhaftigkeit in ihrem professionellen Bekanntenkreis ein. Am Fall von Jacob Grimm dekliniert Savoy die in diesem Diskurs angestellten Abwägungen durch. Wilhelm Grimm beteiligte sich an der von Görres eröffneten »Kampagne« und lieferte dem »Rheinischen Merkur« im November 1815 einen Artikel über das Schicksal der Kasseler Gemälde, »um die Öffentlichkeit aufzurütteln«. Damit nahm er einen Anstoß seines Bruders auf, der ihn kontinuierlich mit Informationen aus Paris versorgte. Gegenüber seinem Dienstherrn hatte der Legationssekretär Jacob Grimm in einem Bericht vom 1. August vorgeschlagen, die deutsche Presse einzuschalten, um in der Sache der 48 von General Lagrange in Kassel beschlagnahmten Gemälde Druck auf die französische Regierung auszuüben. Damit solle allerdings noch bis zum richtigen Zeitpunkt gewartet werden: »Die ganze Sache liegt so, dass sie mit der Zeit einmal öffentlich in Deutschland zur Sprache gebracht werden muss, wenn gleich in diesem Augenblick noch nicht, um andere wichtigere Rücksichten zu schonen.« In Antizipation der gewünschten publizistischen Initiative hatte Grimm in Paris schon einmal »vorsätzlich« auf »dieses öffentliche Interesse, welches man in Deutschland an unseren Gemälden nehme«, hingewiesen. In einem Brief vom 21. Oktober machte Jacob Grimm seinem Bruder dann aber ein Geständnis über seine Gefühle bei Ausführung seines Auftrags: »Persönlich unangenehm wurde es mir dadurch, dass, wie schon Aufspüren und Wegnehmen aus jeder bestehenden Ordnung etwas Widriges, ich noch gerade den Leuten entgegenstehe, die mir früherhin Höflichkeit und Gefälligkeit erwiesen.«

Moralpsychologische Introspektion brachte also eine doppelte Schwierigkeit seiner Mission an den

Tag. Er hatte als Bibliothekar von Jérôme Bonaparte, dem König von Westphalen, in Kassel selbst in den Diensten der von Frankreich bestimmten Kulturpolitik gestanden. Nun hatte er eine Rolle zu spielen, die in Widerspruch stand zu den Pflichten wechselseitigen Entgegenkommens, die sich von Person zu Person im Zuge einer solchen Tätigkeit einstellten, aber auch durch den Austausch in der internationalen Gelehrtenrepublik über die Zäsuren von Regimewechseln hinweg. Als widrig, das heißt moralisch unschön, empfand Grimm allerdings schon seinen Auftrag als solchen, unabhängig von den persönlichen Umständen. Die Detektivarbeit mit dem Zweck der Konfiskation war eine Zumutung. Sie nahm die Störung oder sogar Zerstörung einer »bestehenden Ordnung« in Kauf, die als Ordnung ihren Wert hatte, auch abgesehen von den Fragen nach ihren Rechtsgründen und ihrer Geschichte. Erst in Paris war die museale Ordnung unter den ehedem deutschen Kunstwerken hergestellt worden, nach ihrer Zusammenführung. Am 27. Juli 1798 hatte Wilhelm von Humboldt an Goethe begeistert über das »Einzugsfest der eroberten Kunst« berichtet: »Die Ordnung war sehr groß.« Kein Rechtstitel konnte das von Grimm eingestandene, mit der Natur des Restitutionsbegehrens gegebene Unbehagen aus der Welt schaffen. Der Kommissar musste es für sich behalten, als seine Privatsache behandeln. Den französischen Kollegen gegenüber konnte Grimm seine diplomatische

Vollmacht und den völkerrechtlichen Anspruch vorweisen, den Vorrang politischer Pflichten vor persönlicher Dankesschuld; im Selbstgespräch taugten diese förmlichen Rechtfertigungen nichts. »Wenn sie mir das nun selber vorwerfen, wie sie tun, so beruhigt sich zwar mein Gewissen, weil das, was ich tun soll, etwas Höheres ist, als die aus jenen Diensten entspringende Verbindlichkeit sein kann: aber ich wünsche doch, ich wäre nicht dazu gebraucht worden.«

Im November erhielt Grimm Zuspruch von Antoine-Chrysostome Quatremère de Quincy, der 1796 einen Protest gegen die Ausplünderung Italiens in Umlauf gebracht hatte: »Er sagte, was vollkommen wahr ist, wir schämten uns mehr bei Zurückforderung des Raubes, als seine Nation bei der Wegnahme derselben getan hätte.« Die Lektion dieses Vergleichs ist nicht eindeutig: Stellen sich die Skrupel der deutschen Bevollmächtigten bei der Anmeldung berechtigter Ansprüche als falsche Scham dar, oder ist die Hemmung Indiz eines ethischen Lernerfolgs? Was drückt Grimms emphatische Bekräftigung der Wahrheit von Quatremères Beobachtung aus: Durchschaut hier ein Diplomat sein psychologisches Handicap, oder zeichnet sich so etwas wie eine Moral des Opfers ab, dem jede Gewalt suspekt geworden ist, auch die legitime?

Savoy stellt diese Briefstelle Grimms mit Sympathiebekundungen deutscher Paris-Besucher für Vivant Denon zusammen, den Beauftragten Napoleons für das Einsammeln von Kunstwerken und Gründungsdirektor des Louvre. Goethe war mit Denon seit 1790 befreundet und nahm ihn im Oktober 1806, wenige Tage nach der preußischen Niederlage bei Jena und Auerstedt, für zwei Tage als Gast in seinem Haus in Weimar auf. In Savoys Buch ist Goethe der wichtigste Repräsentant derjenigen deutschen Kunstfreunde, die Denons Unternehmungen mit wohlwollender Neutralität oder sogar mit Anteilnahme verfolgten, weil ihr Interesse der Kunst und nicht den Eigentumsverhältnissen galt. Zugleich ist er derjenige, der diesen Standpunkt besonders klar, geradezu kühl formulierte. Am 1. Mai 1807 berichtete Goethes Freund Karl Friedrich Zelter ihm aus Berlin, dass er »das Verzeichnis der Kunstsachen« eingesehen habe, die Denon dort »für das Pariser Museum ausgewählt« hatte. Zelter trauerte über die Verluste der Berliner Sammlungen. Um sich mit der Leere abfinden zu können, deutete er Denons Aktion als Bestrafung für die unsachgemäße Behandlung des Sammelguts. »Der einzige Trost, den man beim Anblicke solcher Dinge haben und geben kann, ist: dass das Gute für die Welt gehört, es sei, wo es sei, und dass wir dieser schönen Dinge unwürdig waren.« Das Gute gehörte der Welt, und es gehörte vor die Welt – es musste kunstgerecht konserviert und präsentiert werden, was in Berlin versäumt worden war. In dieser Sicht stellte sich das Unrecht als Vollziehung eines höheren Rechtes dar. »Das Erwerben und das Erhalten sind zwei Dinge in Eins, und wer das eine nicht kann, kann auch das andere nicht.« Goethe vertrat in seiner Antwort eine Woche später ebenfalls die Ansicht, dass es auf den Ort der Verwahrung von Kunstwerken nicht ankomme, schlug aber einen ganz anderen Ton an. »Können Sie mir das Verzeichnis der von Berlin weggeführten Kunstschätze erteilen, so geschieht mir ein Gefallen. Wenn man nur weiß, wo sie aufbewahrt werden, so sind sie uns nicht verloren.« Inventar und Itinerar einer translozierten Kollektion machten den Verlust ungeschehen. Für eine Metaphysik der Kompensation, wie Zelter sie entworfen hatte, fehlte damit bei Goethe die psychische Notwendigkeit.

Von den Gewährsleuten ihrer großen Musterfallstudie zum Kunstraub, die Savoy in der Restitutionsdebatte des Jahres 2018 aufrief, steht Goethe am allerwenigsten für eine »Sicht der Opfer«, wie die Historikerin sie eingenommen zu haben angab. Man könnte Goethe allenfalls zum Typus des Geschädigten erklären, der sich in eine Haltung der Leidensunfähigkeit flüchtet und seinen Opferstatus verdrängt. Eine solche pathologische Lesart der Weimarer Kommentierung des kunstpolitischen Geschehens deutet Savoy in ihrem Buch allerdings mit keinem Wort an. Man vernimmt Anerkennung, wenn Savoy festhält, dass Goethe »auch 1815 seinen kosmopolitischen Ideen treu« geblieben sei. Eine ähnliche emblematische Funktion wie »Die Antiken zu Paris« hat für Savoys Geschichte der Diskussionen und Mentalitäten ein Epigramm Goethes von 1816: »An Bildern schleppt ihr hin und her / Verlornes und Erworbnes / Und bei dem Senden kreuz und quer / Was bleibt uns denn? Verdorbnes!« Der Dichter stellt die Restitution als Pendant zum Raub hin, als spiegelbildliche Gegenbewegung. Dieser Symmetrie zum Trotz erweist sich das Bewegungsbild in der Gesamtschau als ungeordnet, in jeder Hinsicht, so könnte man sagen, ein Gegenbild zur Ruhe und Ordnung des Museums. Nicht nur »hin und her« werden die Bilder geschickt, vom Ausgangsort an einen Zielpunkt und wieder zurück, so dass der Aufwand auch hätte unterbleiben können, sondern auch »kreuz und quer« durch die Lande, ohne Absicht und Plan. Den Transportrisiken, die bei dieser unkoordinierten Zirkulation in Kauf genommen werden, gilt Goethes Beschwerde – unter Absehung nicht nur von den Eigentumsfragen, sondern auch von den ästhetisch-didaktischen Programmen, die mit diesem Verkehrsaufkommen verbunden waren. Verloren, erworben? Einerlei: Des einen Verluste sind des anderen Erwerbungen und umgekehrt.

Was immer man aber mit den Werken anstellen will, setzt ihre Unversehrtheit voraus, um Goethes Wortwahl aufzunehmen: ihre Unverdorbenheit. Indem er das Wortfeld der Korruption bemüht, praktiziert der Epigrammatiker eine moralische Zeitkritik, die in säkularer und in religiöser Spielart überliefert ist: Die einkalkulierte Beschädigung des Kunsttransportguts ist ein Verrat an der Klassik, der Sündenfall der Museumspolitik. Wie Savoy erläutert, stand Goethes Sarkasmus in »der Tradition der durch die französischen Beschlagnahmungen in Italien ausgelösten europäischen Polemiken«, die »gegenüber den Kommissaren des Direktoriums« den »Vorwurf der Inkompetenz« erhoben. Eine neue Schärfe bekam dieses Beharren auf konservatorischen Werten durch den Kontrast zu den nationalistischen Visionen der Kulturpolitik der Nachkriegszeit: »In einer Zeit, in der ›displaced works of art‹, könnte man sagen, buchstäblich Leidenschaften transportierten, lehnte Goethe deren patriotischen und nationalen Charakter ab und sorgte sich um das Schicksal der Werke selbst.« Der Nationaldichter erscheint hier als Außenseiter des Diskurses, den der Zeitgeist nicht affizierte. An dieser Stelle des Buches macht Savoy sich Goethes Perspektive ausdrücklich zu eigen, um von diesem Standpunkt aus Linien einer Revision der Historiographie zu ihrem Gegenstand auszuziehen: »Indem er die Aufmerksamkeit von den beraubten Subjekten auf die transferierten Objekte verlagert, erlaubt ein solcher Reflexionsprozess möglicherweise die Überwindung eines historiografischen Schemas, das nachhaltig durch die nationalistische Radikalisierung des 19. Jahrhunderts und durch die gegenseitigen Vorwürfe der Barbarei oder Niedertracht geprägt ist.«

In Savoys rückblickender Aufzählung der Zeugen, die sie als Opfervertreter mit ihren Ansichten zu den französischen Kunstraubzügen zu Wort kommen ließ, erscheint nach den Brüdern Grimm, Schiller und Goethe zum Abschluss der Liste »die Öffentlichkeit«. Das klingt so, als hätte sich die Öffentlichkeit ebenso spontan geäußert wie ein Dichterfürst, der auf die Empfindlichkeiten des Publikums keine Rücksicht nehmen muss, oder wie ein Kulturdiplomat, der sich in Briefen an seinen Bruder freimütig ausdrücken kann. Dabei lässt sich in Savoys Buch studieren, dass die Öffentlichkeit nicht nur Subjekt, sondern auch Objekt von Meinungsbildung und moralischer Einflussnahme war. Das ist eine bewährte Grundannahme diskurshistorischer Forschung und kann insofern nicht als Ergebnis von Savoys Untersuchung gelten. Ein wesentliches Ergebnis des Buches besagt aber, dass in den publizistischen Bemühungen um Unterstützung der Öffentlichkeit für das Programm vollständiger Restitution die Figur der Öffentlichkeit selbst eine entscheidende Rolle spielte. Dass unter den Gebildeten die kosmopolitische Sympathie für das französische Projekt des Universalmuseums vom Verlangen nach nationaler Genugtuung zurückgedrängt wurde, geschah nicht einfach von selbst, war nicht bloß ein Ergebnis des Umschlags der welthistorischen Konjunktur. »Um die individuelle Identifikation mit dem nationalen Kulturerbe zu stärken, verschrieb sich Joseph Görres der ausdrücklichen Aufgabe, in

Deutschland eine ›öffentliche Meinung‹ zugunsten der Rückgaben zu schaffen und auf diese Weise Druck auf die Unterhändler auszuüben.«

Wo Jacob Grimm in seinem Dienstbericht vom 1. August 1815 eine aktive Pressepolitik anregte, um gegenüber der französischen Regierung bestimmte Forderungen mit dem Argument als unverhandelbar hinstellen zu können, dass die deutschen Regierungen auf die Stimmung in Deutschland Rücksicht nehmen müssten, da sollten den Druck, den Görres laut Savoy erzeugen wollte, auch die deutschen Unterhändler zu spüren bekommen, die gegen kosmopolitische Gewissensbisse noch nicht gefeiten Männer wie Grimm. Görres »organisierte« von August 1815 an »eine systematische Kampagne, mit dem Ziel, eine breite Öffentlichkeit auf die Rückgabe der in Paris zurückgehaltenen Werke einzuschwören«. Die Autoren des »Rheinischen Merkur« behaupteten, dass die Öffentlichkeit einmütig die Rückgabe alles Geraubten verlange, um diese Einmütigkeit herbeizuführen. Man kann vielleicht von gesteuerter Autosuggestion sprechen. Die Intensivierung diplomatischer Bemühungen um die Kunstwerke nach der endgültigen Niederlage Napoleons erklärte Görres in seinem Artikel vom 6. August nicht mit Gesichtspunkten der hohen Politik, sondern mit der Einwirkung von unten. »Im vorigen Pariser Frieden waren sie unter den vergessenen und verspielten Dingen, diesmal hatte man damit angefangen; ein tröstlicher Beweis, dass die öffentliche Meinung im Verlaufe dieses Jahres sehr an Stärke zugenommen, und dass ihr, in dem was sie ernstlich will, kaum mehr zu widerstehen ist.« Hier übernahm Görres den aus der aufgeklärten Publizistik geläufigen Topos von der verborgenen Allmacht der im Ernstfall unwiderstehlichen öffentlichen Meinung, die sich damit als geheime Inhaberin der Souveränität darstellte.

Um den Eindruck des Alternativlosen zu produzieren, ist das probate kommunikative Mittel die Wiederholung. Der feste Erscheinungsrhythmus der Zeitung von Görres erlaubte die planmäßige Durchführung des Feldzugs. Für die fünf Monate von August bis Dezember 1815 zählt Savoy »mehr als 20 längere Artikel«, also im Schnitt einen pro Woche. Zudem wurden sie »oft von der Lokalpresse im Wortlaut wiedergegeben«. Das Zusammenwirken von Diplomatie und Publizistik illustriert ein von Savoy ausführlich kommentiertes Schreiben des nach Paris entsandten preußischen Staatsministers Karl von Altenstein an den Herzog von Richelieu, den Premier- und Außenminister Ludwigs XVIII., vom 8. Oktober 1815. Altenstein übersandte dem Premier eine von Jacob Grimm aufgesetzte Bittschrift mit der Forderung, Frankreich solle der deutschen Seite zum Ausgleich für nicht restituierte Kunstwerke mehrere hundert Handschriften aus der Nationalbibliothek übereignen. Er führte sein Anliegen als »eine Sache von äußerster Wichtigkeit in

Bezug auf die öffentliche Meinung« ein und legte dem Regierungschef nahe, dass es Frankreichs »Interesse« sei, »die öffentliche Meinung wieder für sich zu gewinnen«. Für seine Person versicherte Altenstein, dass er bei der Ausführung der »Mission«, mit der ihn seine Regierung beauftragt habe, »jeden Rigorismus« vermeiden wolle. Er habe eine gütliche Einigung angestrebt, wie sie unter Kulturnationen angemessen sei, und sich gerade nicht »auf den Rechtsstandpunkt« berufen. Angedeutet ist hier, dass der Rigorismus, der das diplomatische Geschäft unmöglich machen müsste, die Denkungsart der Öffentlichkeit ist. Wenn sie etwas will, dann will sie es ernsthaft. So kann sich der Diplomat im vertraulichen Schriftverkehr konziliant geben und zugleich der Öffentlichkeit die Schuld daran geben, dass sein Spielraum begrenzt ist. Mit dem moralischen Zwang, dessen Ausübung von der Öffentlichkeit erwartet wird, kontrastiert der Umstand, dass sie sich typischerweise für Gegenstände von eher symbolischer Bedeutung interessiert. In diesem Sinne war Altensteins letztes Wort an Richelieu der Hinweis, dass die Sache der Restitutionen »weniger wichtig an sich« sei »als in Bezug auf den Wert, den die Öffentlichkeit ihr beimisst«.

Größte anzunehmende Unfallstelle

Das Humboldt-Forum

Savoy hebt in ihrem Buch hervor, »mit welcher Geschwindigkeit 1814 in intellektuellen Kreisen und der deutschen Presse die Informationen über mögliche Rückforderungen kursierten«. Den alliierten Truppen, die am 30. März 1814 in Paris einmarschierten, folgten die von deutschen Fürsten entsandten Experten auf dem Fuße, und schon im April erschienen die ersten Artikel. Die »öffentliche Diskussion«, die damals begann, »setzte sich in mehreren Wellen bis Dezember 1815 fort«. Nach der ersten Wiederherstellung der bourbonischen Monarchie glaubte Ludwig XVIII. noch, den künstlerisch-dinglichen Teil der französischen Eroberungen behalten zu können; eine entsprechende Erklärung über den französischen Eigentumsanspruch ließ der König am 4. Juni 1814 verkünden. »Der Ruhm der französischen Armeen hat keinerlei Beeinträchtigung erfahren, und die Meisterwerke der Künste gehören von nun an zu Frankreich, aufgrund von Rechten, die beständiger sind als die des Sieges.« Der König hatte keine Bataille verloren; Napoleon war geschlagen worden. So konnte der von den Siegern eingesetzte Monarch als Retter der französischen Waffenehre auftreten. Vom Glanz der napoleonischen Siege sollte noch etwas übrigbleiben, indem sie den Armeen und nicht dem Kaiser gutgeschrieben wurden. Zur Überbrückung der politischen Diskontinuität des Regimewechsels genügte die Idee der Legitimität allein offenbar nicht, die Fiktion des Fortbestands der rechtmäßigen Monarchie, wie sie darin zum Ausdruck kam, dass in der Königsliste der 1795 im Alter von zehn Jahren verstorbene Sohn des hingerichteten Ludwig XVI. mitgezählt wurde. Die Kunstbeute leistete Hilfsdienste bei der Stiftung ideeller Kontinuität als materielles Unterpfand höherer Zwecke, denen der französische Staat auch im revolutionären Interregnum gedient haben soll. Der tyrannische Charakter der unköniglichen Herrschaft hatte die Staatsaktivität des Kunstsammelns angeblich nicht kontaminiert, weil die kriegerischen Mittel der Sammeltätigkeit als unbedenklich, wenn nicht sogar als rühmlich galten.

Es bleibt eine Ambivalenz in der Begründung des von Frankreich beanspruchten Eigentumsrechts. Einerseits stellt die Proklamation Ludwigs XVIII. eine Verbindung zwischen dem Kriegsruhm und dem Erwerb der Meisterwerke her, andererseits soll deren Verbleib in Frankreich seinen Grund in einem höheren Recht haben, das durch den Wechsel des Kriegsglücks nicht ausgehebelt werden kann. Dauerhafte Rechte an der Kultur erwachsen demnach im französischen Selbstbild aus der Kultivierung der Kultur. Besitz wird mit Waffengewalt erworben, Eigentum mit friedlicher Arbeit. Wenn indes der militärische Ruhm Frankreichs weder durch die Niederlage in einem jahrzehntelangen Krieg noch durch die Umstände der zwischenzeitlichen Siege gemindert werden konnte, wurde die Armee damit in eine Sphäre der Unangreifbarkeit versetzt, deren Musterbeispiele die großen Meisterwerke der Kunst sind. Gleichzeitig gab der König zu verstehen, dass er sich der Pflege des in so großen Worten beschriebenen Ruhms widmen werde. Dieser wurde sozusagen im Augenblick der Niederlage zum Gegenstand der Erinnerungskultur; durch die Anwesenheit der erbeuteten Kunstwerke in Paris hatte man sich im Wirtschaften mit immateriellem Kapital fortbilden können.

Nur eine Woche nach der Bekanntmachung des französischen Königs, am 11. Juni 1814, ließ Görres im »Rheinischen Merkur« eine bittere Beschwerde über die versäumte Gelegenheit zur Restituierung des in Paris gehorteten deutschen Kulturguts erscheinen. »Es war gar wohl erlaubt zu hoffen, nachdem man die Räuberhöhle aufgebrochen, dass man unsere Schätze, die dort mit unserem Blute befleckt herumgestanden, wieder mit nach Hause nehmen werde.« Den subtilen französischen Unterscheidungen zwischen beständigen und weniger beständigen Rechten an Dingen, die im Fall von Kulturgut auf eine Ersitzung durch sachgerechten Umgang hinausliefen, setzte Görres das Beharren auf der Widerrechtlichkeit der Entwendung entgegen, die nur durch Rückgabe aus der Welt geschafft werden konnte. Man hatte es mit Räubern zu tun; der heimgekehrte Bourbonenkönig war in die Stellung des Räuberhauptmanns eingerückt, obwohl er persönlich keine Raubzüge mehr unternehmen konnte und wollte. Auf kulturphilosophische Beschönigung antwortete Görres im schmucklosen Duktus eines drastischen Realismus: Die geraubten Kunstgegenstände standen in Paris herum, warteten auf ihre Abholung, waren also gar nicht in jene höhere museale Ordnung gebracht worden, die in der Kriegszeit auch Besucher aus Deutschland bewundert hatten.

Die Räuberhöhle ist ein rhetorisches Bild: Die Museen mussten nicht aufgebrochen werden, und es gab nicht die eine Sammelstelle, das Zentraldepot, in dem man alles nicht in den Museen Ausgestellte angetroffen hätte. Auch die Blutflecken sind bildlich gemeint, sind rhetorischer Zierrat im Register absichtlicher Hässlichkeit. An den Altarbildern oder Dichterhandschriften wird man keine Rückstände von Blut finden; Görres will nicht suggerieren, Kuratoren, die sich den französischen Kommissaren in den Weg gestellt hätten, seien von den Räubern in den Galeriesälen der deutschen Residenzschlösser niedergemetzelt worden. Im übertragenen Sinne sind die Schätze mit deutschem Blut in Berührung gekommen, weil sie Kriegsbeute sind: Deutsche mussten sterben, damit die Franzosen als Sieger heimkehren konnten. Der französischen Idealisierung eines verspielten Kriegsruhms, dessen Bewunderung von den Kriegsopfern und allen anderen Kriegskosten abstrahieren konnte, machte Görres mit blutroter Tinte einen Strich durch die Rechnung. Sein Gegenbild eines von Gewalt getränkten Erwerbungskontextes der Meisterwerke ist zwar ebenfalls allgemein, ein Genrebild der Schrecken des Krieges, die Kulturgüter schutzlos werden lassen. Aber das brutale Detail soll das moralische Urteil der Leser des »Rheinischen Merkur« gegen die Gemeinplätze eines voreilig nachgiebigen Universalismus imprägnieren. Die imaginäre Blutspurensicherung ist Eingewöhnung in die unbedingte Identifikation von gerechter und eigener Sache. Von der Rechtsverletzung führt die Spur zum verletzten Inhaber der Rechte: »Unsere« Schätze sind befleckt mit »unserem« Blut; wir alle sind persönlich geschädigt und zur Reinigung des Befleckten berufen.

In dem großen Interview mit der »Süddeutschen Zeitung«, in dem Bénédicte Savoy ihren Austritt aus dem Expertenbeirat des Humboldt-Forums bekanntgab, verwendete sie 203 Jahre später dasselbe Bild wie Görres. Das Interview erschien in der Ausgabe der Zeitung vom 21. Juli 2017. Den Planern des neuen Gehäuses für die Berliner ethnologischen Sammlungen – als »Gründungsintendanten« arbeiteten damals Hermann Parzinger, der Präsident der Stiftung Preußischer Kulturbesitz, Savoys Fachkollege Horst Bredekamp von der Berliner Humboldt-Universität und, für eine Woche pro Monat, Neil

MacGregor, früherer Direktor des Britischen Museums – warf Savoy vor, die Provenienzforschung und damit diejenigen Erkenntnisse über die Objekte zu vernachlässigen, für die sie sich nicht nur als Wissenschaftlerin, sondern auch persönlich am meisten interessierte. »Ich will wissen, wie viel Blut von einem Kunstwerk tropft, wie viel wissenschaftlicher Ehrgeiz darin steckt, wie viel archäologisches Glück.« Auch hier hat das Bild eindeutig einen rhetorischen Sinn. Savoy forderte nicht etwa die Einrichtung einer Abteilung für Humboldt-Forensik, die alle zur Ausstellung vorgesehenen Objekte auf biologische Spuren hätte untersuchen sollen. Es ging ihr nicht um die Identifikation makabrer Unikate, die vielleicht tatsächlich in einem Kampf auf Leben und Tod den Besitzer wechselten. Erst recht hatte sie nicht die Objekte im Sinn, an denen sich mit moderner Kriminaltechnik womöglich deshalb noch Residuen von Blut aufspüren lassen, weil ihr einstiger Gebrauchszusammenhang Opferrituale waren, in denen Tiere oder auch Menschen geschlachtet wurden. Das Blut, das Savoy meinte, muss im Zuge der Aneignung der Gegenstände durch Abgesandte oder Lieferanten der Museen vergossen worden sein, deren Erbe das Humboldt-Forum verwaltet. Blutvergießen ist die anschaulichste Chiffre für Unrecht und Gewalt, steht für die moralischen Nebenkosten des wissenschaftlichen Ehrgeizes, wie sie auch während archäologischer Glückssträhnen anfielen.

Gegenüber Görres steigerte Savoy die Drastik noch einmal: Er hatte von getrocknetem Blut gesprochen, sie sah das Blut noch herabtropfen. 2017 verlangte sie nun noch nicht, blutbefleckte, also von einer gewaltsamen Erwerbungsgeschichte belastete Objekte ausnahmslos aus den Sammlungen auszusondern. Die Provenienz sollte umfassend ausgewiesen werden, nicht nur durch eine Liste der Vorbesitzer, sondern auch mit Angaben zu den Umständen des Besitzerwechsels. Mit ihrem Auge für volkstümliche Analogien wies Savoy darauf hin, dass ein solcher Herkunftsnachweis in anderen Bereichen unserer Lebenswelt schon Standard sei. »Für mich ist es weniger wichtig zu wissen, welche Funktion ein Gegenstand in Namibia hatte, als zu erfahren, unter welchen Umständen er hierhergekommen ist. Ich will ja auch wissen, woher mein Steak kommt. Beim Essen erfährt man das auf der Verpackung. Dasselbe sollte auch für geistige Nahrung gelten.« Vielleicht brachte sie, indem sie im Gespräch mit dem Interviewer das Steak und nicht die Mango wählte, sich selbst auf die Assoziation des Blutigen. Die Analogie zwischen geistiger und fleischlicher Nahrung geht nicht perfekt auf. Der Nicht-Vegetarier mag wissen wollen, woher sein Stück Fleisch kommt, aber allenfalls dem effektivsten Altruisten unter den Fleischessern dürfte die Herkunftsangabe, also der Weg des Fleischs auf den Tisch und in den Mund, wichtiger sein als der Geschmack. Unabsichtlich gab Savoy zu erkennen, dass sie das Provenienzthema von einem exzentrischen Standpunkt aus betrachtet. Der unprofessionelle Museumsbesucher wird Informationen darüber, wie ein Kessel aus dem Südwesten Afrikas nach Mitteleuropa gelangte, im Zweifel zu schätzen wissen, aber doch nur dann, wenn er sich in erster Linie dafür interessiert, was früher in Namibia in und mit ihm angerichtet wurde.

Die professionellen Perspektiven werden in Savoys öffentlichen Interventionen oft von einem persönlichen Mitteilungsstil überlagert, dem Ton einer Direktheit, die in Wissenschaft und Kulturpolitik ungewöhnlich ist und deshalb erfrischend wirkt. Sie spricht aus einer individuellen, aber mühelos nachvollziehbaren Erfahrung heraus, die zur Identifikation einlädt. So machte sie gleich am Anfang des SZ-Gesprächs mit Jörg Häntzschel deutlich, dass sich ihre sachlichen Differenzen mit den Verantwortlichen des Humboldt-Forums zu einer persönlichen Enttäuschung der Art verdichtet hatten, für die es innerhalb der Organisation kein Ventil mehr gab. Warum war sie aus dem Expertenbeirat ausgetreten? »Es war ein Frust, der sich über Monate angesammelt hatte.« Den persönlichen Charakter der Enttäuschung beglaubigte der Enthusiasmus, den sie für die Sache des Museums und den Gedanken eines besonders modernen Museums bekundete. Die treibenden Kräfte hinter der Institution des Museums skizzierte sie dabei in geradezu altmodischer Weise als Varianten eines Erkenntnisstrebens um der Erkenntnis willen mit mehr oder weniger abenteuerlichen Zügen. Auf den »wissenschaftlichen Ehrgeiz«, der in die Objektpräsentationen eingegangen war, richtete sich ihre Neugier als Besucherin, in der gewiss viel von ihrem eigenen wissenschaftlichen Ehrgeiz steckte. In dem Wunsch, vor einer Vitrine auch etwas über das »Glück« zu erfahren, das Archäologen brauchen, sprach sich der Gedanke aus, dass sich das Ausgraben, Einpacken, Verschiffen, Auspacken und Ausstellen nicht ausschließlich moralisch betrachten lässt, als Kette von Handlungen unter der Kontrolle des Akteurs. In der Reihe dieser Begleitumstände und Voraussetzungen der musealen Ausschöpfung des in gesammelten Dingen akkumulierten Erkenntnispotentials erschien nun, als erstes Glied der Aufzählung im zitierten Satz, auch die Gewalt in der bildlichen Gestalt des tropfenden Blutes.

Ehrgeiz ist je nach Ansicht des Betrachters ein moralisch neutraler oder moralisch bedenklicher Antrieb, kann aber auch zu einer amoralischen Tugend stilisiert werden. Im Machiavellismus, der den Ehrgeizigen zum Vorbild erhebt, steckt der Ansatz zu einem Ästhetizismus. Das Handeln im Eigeninteresse zieht als Selbstzweck Bewunderung auf sich, in ostentativem Bruch mit den Nützlichkeitsvorgaben der moralphilosophischen Schulweisheit. Indem Savoy die Unterlassung der Provenienzforschung rügte, warf sie den Verantwortlichen des Humboldt-Forums nicht nur die Verletzung museumsethischer Pflichten vor. Ebenso heftig beklagte sie, dass die Möglichkeiten des Museums nicht ausgeschöpft würden. Provenienzforschung »ist auch eine Frage des Respekts den Leuten gegenüber, denen man diese Objekte weggenommen hat« – auch, aber nicht nur. In Savoys Beschreibung eines idealen Museums blitzten Momente einer ästhetischen Weltanschauung auf. Das Staunen, mit dem ein Kunstgegenstand im Museum betrachtet wird, gilt sehr häufig dem Aufwand, der für seine Herstellung nötig war. Ein gemäß Savoys Ratschlägen von 2017 kunstgerecht beschildertes Exponat würde dieses Staunen verdoppeln: Der Besucher wäre über den Aufwand zu belehren, mit dem das Objekt akquiriert, transportiert und konserviert wurde, und ihm würde bewusst, wie voraussetzungsreich und unwahrscheinlich, also glücklich im Sinne von zufallsbegünstigt, die Museumspräsentation als Ausgang einer Objektgeschichte ist. Die Summe der Erwerbsumstände, das Bündel aus Glück, Ehrgeiz und Gewalt, »macht diese Objekte noch signifikanter«.

Sogar die öffentliche Erregung über die Flüchtlingspolitik, die in den Jahren nach 2015 die politischen Diskussionen in Deutschland bestimmte, hätte die Objekte des früheren Königlichen Museums für Völkerkunde mit zusätzlicher Signifikanz aufladen können, in einem kontrafaktischen Szenario Savoys: wenn man die Arbeit auf der Schlossbaustelle gestoppt und die klassische Museumsarbeit intensiviert hätte. »Es wäre besser gewesen, man hätte die Objekte in Dahlem gelassen, sie dort so präpariert, dass sie der Internationalisierung Deutschlands und der Kolonialismusdebatte hätten standhalten können. Und irgendwann hätte man sagen können: Schaut, wir haben Menschen aus der ganzen Welt hier einigermaßen würdig aufgenommen, und um die Objekte, die zu uns gekommen sind, haben wir uns ebenso gekümmert.« Um zu erreichen, dass man die Völker dieser Welt wieder hätte aufrufen können, auf diese Stadt zu schauen, hätte Savoy auch ein »Moratorium« befürwortet, obwohl sie in die Klage darüber einstimmte, dass die Planungen für das neue Museumsareal auf dem Schlossplatz sich noch länger hinzogen als die Erledigung normaler öffentlicher Bauaufgaben in Berlin. »Als ich zum ersten Mal davon hörte, war ich 30. Jetzt bin ich 45. Begeisterung habe ich nie empfunden.« Und trotz fehlender Begeisterung verwarf Savoy beim Austritt aus dem Beirat die Grundidee des Humboldt-Forums noch nicht, dass die Rekapitulation des europäischen Interesses an der Welt der Selbsterkenntnis dienen könne. Zugreifen und Aneignen waren nun einmal wesentliche Formen dieses Interesses; man musste sie wahrheitsgemäß benennen und die Produkte dieses Interesses entsprechend korrekt beschriften.

Sie trat aus, um »frei sprechen zu können«, gab sie im Interview an. Nach ihrem Rollenverständnis konnte sie entweder »Teil des Projekts« sein, dann hätte sie auch bereit sein müssen, das Projekt öffentlich zu verteidigen – »oder man sieht es kritisch, dann geht man lieber raus«. Ihre Redefreiheit nutzte sie, um unverblümt vom Wegnehmen der Objekte zu sprechen. Diese Wortwahl implizierte 2017 aber noch keine Aufforderung zum Zurückgeben. Savoy bezeichnete die Konstitutionsbedingung des Weltmuseums. Was heute da ist, muss irgendwann irgendwo weggenommen worden sein: Im Großen und Ganzen bewegen sich weder fürstliche Sammler noch republikanische Besucher in einem Tauschhandlungsrahmen.

Die Einladung des Interviewers, zur Belehrung der Deutschen ein fiktives französisches Humboldt-Forum in den Dimensionen der »grands projets« der Kulturpolitik des Präsidenten Mitterrand zu entwerfen, schlug Savoy mit vollendeter Höflichkeit aus. Aber tatsächlich warf sie den Berliner Intendanten vor, nicht groß genug zu denken. Die Verharmlosung der Projektvoraussetzungen lief auf eine Verniedlichung des Projekts hinaus. »Das sind 300 Jahre Sammeltätigkeit, mit all den Schweinereien und Hoffnungen, die damit verbunden sind. Das sind wir, das ist Europa.« Auch die Schweinerei, die sich vielleicht im Zuge der Betrachtungen über die Herstellung von Steaks aufdrängte, ist eine Vokabel aus dem Repertoire der Drastik. Im Alltag, auch in der Politik, markiert dieses Wort eine Unterbrechung der Kommunikation, den moralischen Protest gegen eine verlogene Normalität.

Wenn ein Geschäft oder Antrag eine Schweinerei ist, also den einfachsten Anstand verletzt, muss man die Sache eigentlich abbrechen und gegebenenfalls den Anwälten übergeben. So war das Wort im Interview aber nicht gemeint. Für den Anti-Idealismus der Kulturhistorikerin Savoy ist es bezeichnend, dass sie das Pendant zu den weltfrommen Hoffnungen im Triebhaushalt imperialer Sammelwirtschaft jedenfalls im Mündlichen so krass wie möglich benannte, um in die Skizze der Dialektik von Hoffnung und Enttäuschung keine Tonwerte falscher Hoffnung hineinzumischen. Schlug man die Erwerbslisten ethnologischer Museen auf, mussten Schweinereien ans Licht kommen. Das war für Savoy 2017 kein Grund, für die Auflösung der Museen und die Zerstreuung ihrer Bestände zu plädieren. »Aufklärung der Provenienzen« verlangte sie vom Humboldt-Forum, eine Aufklärung, die sich für schmutzige Quellenarbeit nicht zu fein sein durfte. Denn hinter den Thronsesseln und Götterbildern, die vielleicht nur dank List oder Gewalt nach Berlin gebracht worden waren, taten sich noch ganz andere Schweinereien auf, für die Europa Verantwortung trägt.

Savoy sagte im SZ-Interview zwar voraus, dass das Problem der Rückgabeforderungen das Humboldt-Forum auf unabsehbare Zeit heimsuchen werde. Aber sie begründete das nicht ausdrücklich mit dem moralischen Gewicht der Forderungen. Vielmehr beschrieb sie die Entscheidung für die äußere Gestalt des Forumsgebäudes, für die Rekonstruktion der Fassaden des königlichen Schlosses, als ästhetischen Planungsfehler, der sich nicht rückgängig machen ließ. Die Nostalgiker unter den Geschichtspolitikern hatten sich ihre eigene Falle gebaut, hatten ein für allemal das falsche Zeichen in den Hauptstadtraum gesetzt: »Die Architektur signalisiert, dass man Geschichte rückgängig machen kann. Doch den Leuten, die um Rückgabe gestohlener Objekte bitten, erklärt man, Geschichte lasse sich nicht rückgängig machen. Das ist ein unlösbarer Widerspruch, mit dem sich das Humboldt-Forum ewig plagen wird.« Sie nahm auch am Türschild der Einrichtung Anstoß, unter deren institutionellem Dach das Humboldt-Forum entstand, weil die Staatlichen Museen zu Berlin zu ihr gehören. Stiftung Preußischer Kulturbesitz – der Name sei »nicht mehr zeitgemäß«. Dieses Urteil machte sich fünf Jahre später die grüne Kulturstaatsministerin Claudia Roth zu eigen, als sie das Vorhaben einer Stiftungsreform wieder aufnahm, das unter ihrer Vorgängerin Monika Grütters von der CDU über die Stadien der Ankündigung und Begutachtung nicht hinausgekommen war.

Savoys Begründung für den Anachronismusvorwurf: »Kultur ist nicht Besitz von Preußen, Großbritannien, Frankreich.« Dieses Argument unterschlägt das erste Wort im Stiftungsnamen. Die Stiftung verwaltet den ehemaligen Besitz eines früheren Eigentümers, der im Laufe der deutschen Geschichte seine Geschäftsfähigkeit Stück für Stück einbüßte, bis die Sieger des Zweiten Weltkriegs den preußischen Staat auch förmlich aufhoben. Durch die Errichtung der Stiftung im Jahr 1957 ist also dem Wandel der Vorstellungen von Verfügungsrechten über ehemals fürstliche Kunstbestände schon Rechnung getragen worden. Von vormaligem preußischem Besitz müsste strenggenommen genauer die Rede sein, würde der Name dadurch nicht zu umständlich. Preußen ist nicht mehr Eigentümer der in seinem Namen verwalteten, das heißt vor allem weiter zusammengehaltenen Bilder-, Bücher- und Musikinstrumentensammlungen – im Gegensatz zu Frankreich. Für die Praxis mag der Unterschied nicht erheblich sein, weil die Bundesrepublik Deutschland an die Stelle Preußens getreten ist. Aber Savoy hob auf die Wirkung des Namens ab. Kultur sei nicht Besitz von Staaten – das war wohl als Einspruch im Interesse der Freiheit von Kunst und Wissenschaft und im Sinne eines Gegensatzes von Universalismus und Nationalismus zu verstehen; Savoy stellte ihre Aussage einfach als evident hin. Die Auszeichnung von Kulturgut als Stiftungsvermögen und noch viel grundsätzlicher das französische Konzept der Unveräußerlichkeit des nationalen Kulturerbes beschränken allerdings die Verfügung der staatlichen Instanzen und ihrer auf Zeit bestellten Repräsentanten im Interesse der Allgemeinheit. Der anti-institutionelle Vorbehalt, der in Savoys Interviewäußerungen im Grundbegrifflichen durchschimmerte, hat etwas mit den Ideen von einer Begrenzung der Wirksamkeit des Staates gemeinsam, die neoliberal genannt werden.

Kulturbesitz klang in Savoys Ohren schon schlecht, preußischer noch schlechter. Denn »Preußen hat nicht das beste Image in der Welt«. Auch diese Feststellung tätigte Savoy, als wäre sie etwas Offensichtliches. Von welchem kritischen Publikum sprach sie, und verteilte es sich gleichmäßig über die Weltteile? Sie ging jedenfalls von einer Öffentlichkeit aus, die sich bei bekannten Namen von Reflexen bestimmen lässt: »Solche Begriffe arbeiten in den Köpfen.« Wenn aber ein Name zum Begriff geworden ist, wird dann nicht zuerst jemand den Leuten eine bestimmte Definition in die Köpfe gesetzt haben? In Savoys Schilderung lag ein Fluch über dem Humboldt-Forum: Die Markenzeichen der neuen Institution, wie die bauliche Gestalt so auch der Name jedenfalls der übergeordneten Verwaltungseinheit, schreckten ab. »Sie arbeiten gegen das Projekt.« Mit ihren Enthüllungen aus dem Innenleben der Stiftung bestätigte Savoy ausdrücklich den Verdacht eines bösen Namenzaubers. »Diese Metaphorik dekliniert sich durch die ganze Institution.« Es ging dort angeblich unheimlich preußisch zu, im Sinne zwar nicht der Effizienz, wohl aber einer durchgreifenden Kommandostruktur. »Das hierarchische Gefüge, die fehlende Autonomie der einzelnen Häuser, da herrscht eine totale Sklerose.«

Sah man vom Lokalkolorit ab, so teilte Savoy mit, dass sie es als enthusiastische Freundin des freien Sprechens mit der Bürokratie zu tun bekommen hatte. Ihre intern geäußerte Kritik blieb angeblich deshalb ohne Echo, weil man auf den Fluren der Stiftungsadministration noch nie von den Losungswörtern der modernen Managementtheorie gehört hatte: »Wie schon zuvor fehlt es an Transparenz, Teamgeist, Verantwortung.« Zuvor, das hieß vor der Ernennung Neil MacGregors, den auch Savoy »erleichtert und hoffnungsvoll« willkommen geheißen hatte. Aber »auch ein MacGregor kam nicht an gegen die Schwerfälligkeit dieser Institutionen«. Der britische Charismatiker richtete nichts aus gegen die preußische Routine, war allerdings auch nicht rangegangen wie Blücher, sondern hatte seine Drittel-Intendanz von vornherein nicht als Vollzeitstelle angelegt. Wäre es nach Savoy gegangen, hätten mehr Gremiumssitzungen angesetzt werden müssen. »Den Beirat gibt es seit 2015. Seitdem fanden nur zwei Treffen statt.« Gab es also nicht zu viel, sondern zu wenig Bürokratie, nicht genug Arbeitsaufträge und Tischvorlagen? Für Außenstehende ist schwer zu beurteilen, ob eine Organisation den externen Sachverstand, den sie sich ins Haus holt, funktionsgerecht einbindet. Auch eine komparative Statistik, wie Savoy sie mit ihrem eigenen Terminkalender produzierte, ist nur begrenzt informativ. »Es gibt aber Beiräte wie den des Louvre, in dem ich ebenfalls bin, die treffen sich vier, fünf Mal im Jahr, dort arbeitet man mit den Händen im Motor.«

Obwohl der Louvre ohne Zweifel das beste Image in der Welt hat, kann verwundern, dass Savoys eher allgemein vorgetragene Kritik an den Abläufen der Großprojektplanung politisch einschlug und alle Adressaten – Presse, Öffentlichkeit, Politiker und die Projektmanager – nachhaltig und folgenreich beschäftigte. Bei den Stiftungsgewaltigen erzeugte Savoys Angriff mächtigen Rechtfertigungsdruck beziehungsweise, je nach Perspektive, genau die Lähmung, über die sie geklagt hatte. Wie kann man diese Wirkung erklären? Savoy war jedenfalls darauf bedacht, die Nachricht über den Konflikt innerhalb der Institution, in dem sie Partei war, nicht einfach unkommentiert an die Öffentlichkeit zu tragen, im Vertrauen darauf, dass die Öffentlichkeit schon reagieren werde, sondern eine Deutung mitzuliefern, eine Einordnung in größere kulturelle Zusammenhänge. Eines der Schemata, die sie in ihren öffentlichen Interventionen durchgehend verwendet, ist der Gegensatz von Alter und Jugend.

Die Jugend hat in den Diskussionen zumal in einer Demokratie immer die Zukunft auf ihrer Seite. Diese Position latenter Macht lässt sich kulturkritisch aufladen, indem man den Nachwuchs zur Kraft des Aufbruchs, zur Partei des Lebens stilisiert, wie es die Propaganda revolutionärer Bewegungen in der Geschichte immer wieder getan hat. Aus der Zweckbestimmung der Institution des

Museums, in kulturbetrieblicher Arbeitsteilung etwa mit Kunsthochschulen und Galerien für die Konservierung von Altem zuständig zu sein, wird in kulturkritischer Optik ein Handicap. Die Professorin Savoy ergriff als Sprecherin der Interessen der Jugend das Wort, oft unter ausdrücklichem Verweis auf ihre Arbeit mit Studenten. Kulturkritischer Logik entsprach auch der von Savoy immer wieder geäußerte Verdacht, dass die Institution ihre Verlautbarungen nicht ernst meine – und zwar gerade dann nicht, wenn sie sich in ihrer Sprache auf Stimmungen und Erwartungen der Öffentlichkeit einließ. Abschätzig äußerte sie sich im SZ-Interview über die Selbstdarstellung des Humboldt-Forums in der Ära der Gründungsintendanten. »Es sind Schlagwörter, die da verkauft werden. Humboldt, Provenienz, Multiperspektivität, Shared Heritage. Tiefsinnige Worte, aber was wir brauchen, ist intellektuelles Gestalten.« Sie nahm daran Anstoß, dass die Intendanz professionell zu kommunizieren versuchte, das heißt: Marketing betrieb. Marketingkritik ist aber wie Bürokratiekritik jederzeit auch anlasslos möglich.

Savoy war sich 2017 noch nicht zu schade, sich selbst implizit als die bessere Verkäuferin der Idee des Humboldt-Forums zu empfehlen. Unter Rückgriff auf gängige Schlagwörter einer vor- oder überwissenschaftlichen Intellektualität, deren Verknüpfung mit dem Namen Humboldt zur Beschwörung eines goldenen Zeitalters des noch nicht fachdisziplinär aufgesplitterten Geistes Usus war, postulierte sie, »wir« brauchten »eine ernsthafte, poetische, humanistische Beschäftigung mit diesen Objekten und der Vergangenheit, der sie entstammen«. Und hier kam die Jugend ins Spiel. »Bildung ist ein tägliches Tun, ein Erfinden, ein Sich-Anpassen an die Bedürfnisse jüngerer Generationen.« Altväterlich wäre es, demgegenüber daran zu erinnern, dass Bildungschancen auch bedeuten, Anreize zur Anpassung zu schaffen, zum Lernenwollen, zur Beschäftigung mit Dingen und Welten, die der eigenen Lebenserfahrung noch fernliegen. Die Überschätzung des Erfindens gegenüber dem Finden ist überall im Kulturbetrieb anzutreffen, als zwangsläufiges Resultat von Selbstüberredungsstrategien, die das Vokabular der sogenannten Kreativwirtschaft übernehmen. Journalisten, Verleger und Festivalplaner, Kulturpolitiker und Kulturwissenschaftler – fast alle machen mit bei einem Spiel mit großen oder großsprecherisch vorgetäuschten Erwartungen, das die Metaphorisierung des Begriffs der Erfindung in Kauf nimmt. Kinder haben, bevor ihnen poetische Bildung nach Maßgaben Savoys zuteil wird, ein besseres Verständnis von diesem Begriff, wenn sie bei Erfindungen an das Rad und die Dampfmaschine denken. Zum Unglück des Humboldt-Forums trug bei, dass es sich als Produkt und Spielplatz des Erfindergeistes anpries; so bekam eine Serie von Ausstellungen, in denen sich Künstler mit Material aus den Dahlemer Sammlungen beschäftigten, den albernen Namen »Humboldt Lab«.

Als Rhetorikerin bewies Savoy eine beachtliche Findigkeit in der Nutzung von Erfindungen Dritter, in der Kunst der eleganten und diskreten, manchmal vielleicht sogar unbewussten Anspielung. Anklänge von irgendwann einmal gut Gesagtem und seitdem oft Gehörtem können die Resonanz öffentlicher Rede vermehren. Man hätte im Humboldt-Forum viel Kluges machen können. Savoy sagte es poetischer: »Man könnte dort ein Feuerwerk der Intelligenz zünden. Und übrigens: Intelligenz ist sexy. Man könnte aus diesem Potenzial in Berlin, aus der Lust so vieler junger Leute etwas machen, was sexy ist.« Aus der langen Liste erstaunlich erfolgreicher Berliner Werbesprüche klang hier einer der erstaunlichsten an, die Behauptung des ehemaligen Regierenden Bürgermeisters Klaus Wowereit, die Stadt sei »arm, aber sexy«. Als reich, aber unsexy hatte Savoy bei den seltenen Beiratssitzungen das Humboldt-Forum erlebt: »Stattdessen sitzt man hier in grauen Gremien wie in den Achtzigerjahren.« Worauf sich in diesem Satz die Farbangabe bezog, war nicht eindeutig: mutmaßlich auf die Haar- und Anzugsfarbe der Mehrheit der Beiratsmitglieder, vielleicht auch auf Mobiliar und Tapeten der Sitzungsräume; in kulturkritischer Ansicht sieht überdies jedes Gremium grau aus, bezeichnet die Alliteration von Adjektiv und Substantiv einen natürlichen Zusammenhang. Wer in der mittelalten Bundesrepublik aufgewachsen ist, mag an die »grauen Herren« aus Michael Endes Roman »Momo« denken, die den Menschen die kindliche Lust an der freien Zeit verleiden.

In dem Gespräch mit Jörg Häntzschel glückte Bénédicte Savoy zwischen allen beziehungsreichen Verweisen und zugespitzten Pointen eine echte Erfindung: eine unerhörte Formulierung, die so originell war, dass sie für eine Sensation sorgte. Auch nachdem Bénédicte Savoy als Co-Autorin des von Präsident Macron bestellten Gutachtens zur Restitutionsfrage zur Akteurin der europäischen Kulturdiplomatie geworden war, wurde in Deutschland in öffentlichen Erwähnungen ihrer Person ihre öffentliche Bekanntschaft auf ihren Austritt aus dem Berliner Expertengremium zurückgeführt, also auf die Rückgabe eines Beratungsauftrags. Und unter ihren öffentlich genannten Gründen dafür, dass sie diesen Auftrag nicht erledigen wollte, wurde immer die sensationelle Stelle aus dem SZ-Interview angeführt, ein unüberbietbar drastischer Vergleich in zwei Sätzen: »Man könnte sich unendlich viel vorstellen, wenn das Ganze nicht unter dieser Bleidecke begraben wäre wie Atommüll, damit bloß keine Strahlung nach außen dringt. Das Humboldt-Forum ist wie Tschernobyl.«

Die Wirkung der Formulierung hat viel damit zu tun, dass der ungeheuren Wucht des Bildes keine Eindeutigkeit der Aussage entspricht. Wie der Wortlaut des Interviews zeigt, plazierte Savoy den

Tschernobyl-Vergleich im Kontext ihrer Beschwerde über die versäumten Chancen in der Planungsphase des Humboldt-Forums. Die Ideen MacGregors, Kulturgeschichte mit Naturgeschichte zu verknüpfen und Leihgaben anderer Museen einzuwerben, seien besser als nichts – dieses kühle Zugeständnis an einen der drei Intendanten geht dem Vergleich im Text unmittelbar voraus. Das Monitum, die Intendanz betreibe fast gar keine auf Außenwirkung bedachte Selbstdarstellung der im Aufbau befindlichen Institution, ignoriere also im Grunde die Öffentlichkeit und beleidige die Intelligenz des künftigen Publikums, bekräftigte Savoy mit äußerstem Sarkasmus. Das Ganze, das unter der Decke blieb: Der Leser des Interviews musste darunter die Provenienzen der Berliner Sammlungsbestände verstehen, deren Aufklärung die Interviewte als wichtigste Voraussetzung der Funktionsfähigkeit des Humboldt-Forums bezeichnete, obwohl sie den Begriff der Provenienz als bloßes Schlagwort abtat. Wie war der Vergleich gemeint? War das Wissen über die Herkunft der Berliner Ethnologica wirklich hochgiftig und jeder Kontakt lebensgefährlich im Sinne einer Gefahr für die Lebensfähigkeit des musealen Superorganismus, den die Gründungsintendanten aus Gewebeteilen der Staatlichen Museen, der Humboldt-Universität und der Berliner Landesbibliothek zusammenflicken sollten? Warf Savoy, wie sie der »Tagesspiegel« verstand, der Stiftung Preußischer Kulturbesitz also vor, »dass sie gefährliche Inhalte unter der Bleidecke halte«? Oder behandelten die Intendanten das Wissen, von dem sie nichts wissen wollten, wie Atommüll, obwohl es unschädlich war, ja für ihre Aufbauarbeit sogar unbedingt benötigt wurde? Beide Deutungsmöglichkeiten ließ Savoys Formulierung zu, und rhetorisches Raffinement liegt darin, dass der Leser sich gar nicht für eine von ihnen entscheiden musste. Er konnte abwarten, die Sache bei Gelegenheit in den Zeitungen weiterverfolgen, und je nach der Reaktion der Institution auf die Attacke ihrer vormaligen Ratgeberin mochte er den Vergleich dann im einen oder im anderen Verstande als schlagend empfinden.

Die historische Referenz bot Anknüpfungspunkte für die eine und für die andere Lesart. Spontan wird man das Bild für eine maßlose, wenngleich offenbar absichtliche Übertreibung halten. Aber bei näherem Hinsehen stellt sich die Bezugnahme auf eine emblematische Katastrophe der jüngeren Zeitgeschichte als subtile Operation dar – die Translokationsforscherin versteht sich auch auf Gedankenübertragung und Sinnverschiebung. Die Explosion eines Reaktors im Kernkraftwerk Tschernobyl in der Ukraine am 26. April 1986 war ein Unfall auf der siebten und höchsten Stufe der Internationalen Bewertungsskala für nukleare und radiologische Ereignisse, das erste Ereignis dieses Kalibers in der Geschichte der Kernenergie. Obwohl in Moskau schon Michail Gorbatschow an der Spitze der Kommunistischen Partei stand, wurde die Bewältigung des Unfalls ein Kommunikationsdesaster. Das gilt für die interne und für die externe Kommunikation: Fehlinformationen verzögerten die Anordnung von Schutzmaßnahmen gegen die Strahlung; Desinformation kontaminierte die öffentliche Darstellung der Katastrophe, gemäß einem fehlgeleiteten Kalkül der Ansehensschadensbegrenzung. Tschernobyl steht daher im Gedächtnis der Welt für tödliche Fahrlässigkeit in einem intransparenten politischen System, für die Unfähigkeit und Unmenschlichkeit bürokratischer Herrschaft. Kein graueres Gremium ist vorstellbar als das Politbüro der KPdSU. Die Schätzungen der Gesundheitsschäden, welche die nach Hunderttausenden zählenden »Liquidatoren« davontrugen, die Soldaten und Arbeiter, die zur Sicherung und Reinigung der Anlage abkommandiert wurden, klaffen weit auseinander. Der sogenannte Sarkophag, der Schutzmantel, der zur Abdichtung des havarierten Reaktors konstruiert wurde, bestand nicht aus Blei, sondern aus Stahlbeton. Mit Bleiplatten wurden die Bauarbeiter in den Kränen und Hubschraubern mehr oder weniger notdürftig vor der Strahlung geschützt. Auch nach der Atomkatastrophe von Fukushima im März 2011 las man von den Bleidecken, die an die Bergungsarbeiter ausgegeben wurden.

Dass in Savoys Bild für die Berliner Katastrophe des gewollten Unwissens Blei das Element ist, das für die Versiegelung des Unfallherdes benutzt worden sein soll, ist ein Moment poetischer Verdichtung. Aus der Mythologie der absoluten Staatsgewalt im vormodernen Europa kennt man die Bleikammern im Dogenpalast von Venedig, Zellen, die den Staatsgefangenen vorbehalten waren. Blei ist selbst giftig, also ein Gegenmittel, das nicht ohne Nebenwirkungen verwendet werden kann. Ein unzugänglicher Ort unter einem Sargdeckel aus Blei muss der Schauplatz einer Horrorgeschichte sein. In der Geschichte des Sowjetreiches fungiert die Reaktorkatastrophe als ein Symbol, dem nicht erst künstlich, im Zusammenwirken von Scharfsinn und Phantasie, ein Sinn beigemessen werden muss: ein objektives Vorzeichen des Untergangs, wie in den älteren Büchern einer von Gott beaufsichtigten Weltgeschichte der Ort eines Blitzeinschlags. Drei Jahre, sechs Monate und zwei Wochen nach der Explosion in Tschernobyl fiel die Berliner Mauer. Im Juli 2017 erschien das Interview mit Bénédicte Savoy in der SZ. Im April 2021, drei Jahre und neun Monate später, empfahlen deutsche Museumsdirektoren die Übereignung des Gesamtbestands der in ihre Häuser gelangten Benin-Bronzen an Nigeria.

Sie richteten die Empfehlung an die Regierungen der Bundesländer und Städte, die ihnen Teile des öffentlichen Kunsteigentums zu treuen Händen anvertraut haben, und folgten mit der Empfehlung einem nicht in Form von Anweisungen, jedoch deutlich genug artikulierten Wunsch der verantwortlichen Politiker. Die Provenienz dieser Hofkunstwerke des 1897 von den Briten eroberten Königreichs Benin war nie ein Geheimnis gewesen. In Berlin befand sich die größte deutsche Sammlung, weil Felix von Luschan für das Königliche Museum für Völkerkunde mehrere hundert Objekte aus dem Teil der britischen Beute erworben hatte, der dem Kunstmarkt zugeflossen war. Luschan, ein österreichischer Arzt und Anthropologe, der 1885 in den preußischen Museumsdienst eingetreten war, machte sich auch um die wissenschaftliche und ästhetische Erschließung des Zeichenkosmos der Königsköpfe und deren vielgestaltiger Anhängsel verdient. Sein dreibändiges Standardwerk über »Die Altertümer von Benin« erschien 1919 im Druck, im Jahr nach der revolutionären Beseitigung des Königtums in Berlin, die ebenfalls unter Beteiligung britischer Truppen erfolgt war. Noch 2019 schlug Jürgen Zimmerer, ein an der Universität Hamburg lehrender Historiker, der sich ähnlich hartnäckig wie Bénédicte Savoy in die öffentlichen Diskussionen über als Raubgut deklarierten Museumsbesitz einschaltet, die Umbenennung des Humboldt-Forums in Benin-Forum vor. Der Vorschlag setzte voraus, dass der Kernbestand der Berliner Benin-Sammlung in Berlin verblieben wäre; die Benennung hätte der Bedeutung der Berliner Museumsforschung für die Anerkennung der Weltgeltung der Benin-Kunst Rechnung getragen und in gewisser Weise Luschans Werk zum Abschluss gebracht.

Zimmerers Warnung, die »Schieflage«, in die das »Projekt« des Humboldt-Forums inzwischen geraten sei, lasse sich nur noch »durch eine hochsymbolische Überschreibung« korrigieren, schlug SPK-Präsident Parzinger in einem von der »Zeit« moderierten Streitgespräch in den Wind: »Wir wollen Objekte aus allen Teilen der Welt zeigen – da passt Benin-Forum nicht.« Da hatte sich in der Öffentlichkeit aber längst der Eindruck verbreitet, dass man alle Objekte in den Depots des künftigen Humboldt-Forums nur mit ganz spitzen Fingern anfassen solle, aus moralischen Sicherheitsgründen: Der Verdacht, Luschans Nachfolger wollten über die Herkunft von Objekten nach Möglichkeit nichts verraten und deshalb lieber auch erst gar nichts herausfinden, strahlte auf die gesamte Sammlung ab.

»Das Humboldt-Forum ist wie Tschernobyl«: Die SZ nahm diesen Satz in die Überschrift des Interviews auf. Unter der »heftigen Überschrift«, berichtete zwei Tage später die »Welt am Sonntag«, habe Savoy »ihren Rücktritt« erklärt (wie ein Politiker) und »mutig die bekannten Probleme« benannt. In der durch das Interview ausgelösten öffentlichen Diskussion erlangte die Form des wieder und wieder zitierten Satzes eine eigene Art von Beweiskraft. Er war so konstruiert, als weitestgehende Behauptung auf knappstem Raum, dass er sich als Sentenz verselbständigen musste. Subjekt und Vergleichsobjekt, durch die Kopula »ist« verbunden: Gegenüber diesem syntaktischen Minimalismus musste jeder Einspruch den Eindruck in Kauf nehmen, die Sache nur wieder unnötig zu verkomplizieren. Rhetorik ist die Kunst der dosierten Steigerung, aber Savoy hatte das Maximum an Kritik formuliert. Darüber konnte niemand mehr hinausgehen, dahinter aber auch niemand mehr zurückgehen. Kito Nedo, Kunstkritiker der »taz«, ließ seinen Rückblick auf das Kunstjahr 2017 auf das Tschernobyl-Zitat zulaufen: »Nichts scheint auf lange Sicht aber schlimmer als die Schlossattrappe zu sein.« Der größte anzunehmende Unmut, alles, was sich zusammengebraut hatte an Vermutungen über mutmaßlich wohlbegründetes Misstrauen gegenüber dem »Riesenspielzeug der Bundeskulturpolitik« (Andreas Kilb), hatte sich entladen und in konzentrierter sprachlicher Gestalt objektiviert.

Diese Gestalt hatte nichts gemein mit den Satzformen und Ausdrucksweisen, die in wissenschaftlichen Diskussionen Beweisfähigkeit garantieren oder auf die Probe stellen. Es fehlten alle Elemente der Abwägung und Einschränkung, des Vorbehalts durch Rückbezug auf Geltungsbedingungen. Kulturstaatsministerin Monika Grütters bewertete Savoys Diktum in einem Interview mit der »Berliner Zeitung« als Redestilrichterin, unter Anlegung des Rollenmaßstabs für Wissenschaftler. »Die Kritik einer renommierten Wissenschaftlerin wie Bénédicte Savoy fand ich in der Wortwahl unangemessen, z. B. hat sie zur Bekräftigung ihrer Einwände einen doch recht polemischen Vergleich mit

Tschernobyl gezogen.« In einem anderen Interview nannte Grütters den Vergleich »unpassend«. Aber dass eine Wissenschaftlerin so unwissenschaftlich redete, schadete in diesem Fall ihrem Renommee nicht. Es beglaubigte den Ernst ihres Anliegens, suggerierte, dass das Humboldt-Forum wirklich der Ernstfall war. Auch Grütters würdigte, dass Savoy »mit ihrer Kritik« etwas überaus Wichtiges »erreicht« habe, nämlich »die jetzt sehr öffentliche Diskussion über ein Thema wie den Kolonialismus«.

In der pragmatischen Sicht der Staatsministerin wurde der Gegenstand von Savoys Kritik von der Kritik freilich gar nicht getroffen. »Dass das Humboldt-Forum solche Themen lange vor seiner Eröffnung auf die Tagesordnung bringt, bestätigt eher die Notwendigkeit und die Relevanz eines solchen Forums.« Auf die Debatten kam es an, auf Diskussionen um der Diskussionen willen, in dem »Kulturprojekt neuen Stils«, wie es der Politikerin vorschwebte. »Wir möchten nicht museal arbeiten« – damit war aber schon gesagt, dass man notfalls und perspektivisch auch ohne Objekte arbeiten könnte, auch wenn Grütters in der »Berliner Zeitung« mit der Erläuterung fortfuhr, »die Sammlungsgegenstände« sollten »vielmehr der Anlass für eine interdisziplinäre Herangehensweise sein«. Im Frühjahr 2014 erfuhr die »Zeit« aus dem Umfeld der Kulturstaatsministerin, Savoy sei deren »engste Vertraute in Sachen Provenienzforschung und Restitution«; Grütters habe vor, sie »an zentraler Stelle«

wieder in die Gremienarbeit des Humboldt-Forums einzubinden. In einem Interview derselben Zeitung, das Grütters gemeinsam mit dem von ihrer Gunst abhängigen SPK-Präsidenten absolvierte, verkündete Grütters sogar: »Zum Glück berät Bénédicte Savoy auch mich und nicht nur den französischen Präsidenten.« Das war eine öffentliche Brüskierung Parzingers, den Savoy als den Konstantin Tschernenko der Museumspolitik hingestellt hatte. Auf Nachfrage der »Süddeutschen Zeitung« erklärte der Sprecher der Beauftragten der Bundesregierung für Kultur und Medien, dass Savoys Rolle als Beraterin ganz »informell« sei.

Dass seitens der leitenden Personen des Humboldt-Forums wenig Interesse daran bestand, öffentlich eine Diskussion mit Savoy fortzusetzen, die sie mit dem Austritt aus dem Beirat abgebrochen hatte, deutete Savoy im »Spiegel« als Indiz dafür, dass auf der Innenseite der Institution »eine kafkaeske Angst« herrsche. Kafkaesk: Das ist eine weitere Chiffre für das Katastrophische des Bürokratismus. Eine Rückkehr Savoys in einen Beirat, Aufsichtsrat oder Zukunftsrat des Humboldt-Forums gab es nicht; von dem Plan der ihr informell so eng verbundenen Staatsministerin erfuhr Savoy nach eigenen Worten aus der Zeitung.

Weshalb aber soll eigentlich, wie die »Welt am Sonntag« Savoy zugute hielt, im Sommer 2017 Mut dazu gehört haben, die bekannten Probleme des

Humboldt-Forums, die Schwerfälligkeit der Planung, das Übergewicht der Stiftung Preußischer Kulturbesitz und die Diskrepanz zwischen der preußischen, pseudohistorischen Schlosshülle und dem modernen, weltgesellschaftlichen Wunschinhalt noch einmal zu benennen? Es war der Mut der Verzweiflung. Der »Welt am Sonntag« hatte Savoy »den Eindruck« vermittelt, »hier sei nichts mehr zu gewinnen«. Diese Haltung aber könne »sich niemand erlauben«. Da das Schloss schon stehe, müsse »etwas passieren«. Das war die Beschreibung einer vorrevolutionären Situation.

Der Berliner Kultursenator Klaus Lederer, von der »Stuttgarter Zeitung« angesprochen auf Savoys Vorwurf, »das Humboldt-Forum liege wie Tschernobyl unter einer Bleidecke«, sagte: »Das ist nicht meine Wortwahl.« Es war die Wortwahl einer Nichtpolitikerin, von der sich der Politiker der Linkspartei dazu anregen ließ, über den Fallout deutscher Geschichtspolitik zu spekulieren, eine Vergiftung der Atmosphäre in den Ländern, aus denen die Besucher des Humboldt-Forums kommen sollten. »Ich kann schon verstehen, dass die ein oder anderen, die in den vergangenen 300 Jahren die Segnungen der deutschen Herrenrassentümelei erlebt haben, derzeit nicht in Begeisterung ausbrechen.« Dreihundert Jahre: Das sollte sich wohl auf die kurze Episode brandenburgischer Koloniegründungen in Afrika beziehen, deren vereinzelte mutmaßliche Spuren im Stadtgedächtnis Berlins wie der Straßenname Mohrenstraße von postkolonialen Lobbygruppen skandalisiert wurden. Aber im Jahr 1717, genau dreihundert Jahre vor den Interviews mit Savoy und Lederer, leitete König Friedrich Wilhelm I. die Veräußerung seiner afrikanischen Erbschaft an die Niederländische Westindien-Kompanie ein. Mit der Unterstellung, schon die Teilnehmer der Expeditionen des Großen Kurfürsten habe ein deutsches Herrenrassedenken angetrieben, verlängerte Lederer den vom Gedankengut der Nationalsozialisten verseuchten Zeitraum der Geschichte nach hinten. So zog eine polemische Unschärfe die nächste nach sich. Auch Monika Grütters stellte in einer ihrer Stellungnahmen zu Savoys Interview eine Verbindung mit dem Hauptgegenstand deutscher Vergangenheitsbewältigung her. »Beim Historikerstreit stritt eine Zunft darüber, wie man die Ursachen des Nationalsozialismus einordnen und interpretieren soll. Jetzt ringt eine andere Disziplin offen darum, wie sie mit der deutschen Kolonialgeschichte umgehen will.« Von einem Ethnologenstreit nach dem Muster des Historikerstreits versprach sich Grütters, die 1986 mitten in ihrem Studium der Germanistik, Kunstgeschichte und Politikwissenschaft steckte und als Stipendiatin der Konrad-Adenauer-Stiftung den Historikerstreit miterlebt haben muss, mit seinen Leitbegriffen vom Kaliber »asiatische Tat« (Ernst Nolte) und »Entsorgung der Vergangenheit« (Jürgen Habermas – schon vor Tschernobyl), offenbar einen sachlichen Ertrag.

Zwölf Monate nach Savoys SZ-Interview erschien ein ausführliches Interview mit ihr im »Spiegel«. Darauf angesprochen, dass sie das Humboldt-Forum »sogar mit Tschernobyl verglichen habe«, wollte sie diese Äußerung nicht als mutiges Wort gewürdigt sehen. »Für jüngere Wissenschaftler wäre es tödlich gewesen, sich so zu verhalten, für mich nicht, ich bin in einer beruflich soliden Situation. Ich habe auch gar keine Risikoberechnung angestellt, es hat vielmehr mit meinem wissenschaftlichen Ethos zu tun.« Sie hatte das Humboldt-Forum ostentativ den ethischen Prüfstandards für Großvorhaben unterworfen, wie sie sich in der von dem Soziologen Ulrich Beck auf den Begriff gebrachten Risikogesellschaft etabliert haben. Aber für ihr eigenes Handeln nahm sie die Freiheit der Wissenschaftlerin in einer altmodisch heroischen Fassung in Anspruch, mit ausdrücklicher Entlastung vom Risikokalkül der Folgenabwägung.

Warum passte Savoys unpassender, jeden Maßstab sprengender Vergleich in die Diskussion über die Zukunft des Museumsbesitzes? Die rhetorische Waffe sagte etwas aus über die Natur des Streits. Im Inkommensurablen der Tschernobyl-Analogie kam der beherrschende Gedanke der Restitutionsdebatte zum Vorschein: ein moralischer Absolutismus, der Übertreibungen entschuldigt oder sogar rechtfertigt. Es soll eine historische Gerechtigkeit geben, mit dem Charakter einer unbedingten Verpflichtung: Mit der Zeit wurde dieser Gedanke übermächtig, aber zum Zeitpunkt von Savoys SZ-Interview war er beinahe noch latent. Denn sie verlangte vom Humboldt-Forum ja noch keine Restitutionen in großem Stil, sondern einstweilen nur die Verausgabung in der Provenienzforschung, obwohl die Herausgabeforderungen postkolonialer Aktivisten schon im Raum standen. Savoy griff sich selbst sozusagen vor; die Implikationen des Bildes gingen über ihre ausdrücklichen Forderungen hinaus. So kommen Revolutionen in Gang.

Auftragswerk

Der Savoy-Sarr-Bericht

FRANKREICH muss den afrikanischen Völkern die unrechtmäßig erworbenen Güter zurückgeben. Diese Forderung steht im 23. Punkt der »Offiziellen Charta der Gelbwesten«, einer Liste von »25 Vorschlägen für einen Ausweg aus der Krise«, die am 7. Dezember 2018 über Facebook in Umlauf gesetzt wurde. Den Völkern sollen außerdem die Bestechungsgelder ausgezahlt werden, die afrikanische Diktatoren nach Frankreich haben fließen lassen. Operation saubere Hände: Einen Neuanfang in den Beziehungen zwischen dem einstigen Mutterland und den früheren Kolonien entwirft das Manifest der Protestbewegung des tiefen, des vergessenen Frankreich. Das Prinzip soll die Gleichberechtigung sein, das Mittel die Trennung, der radikale Schnitt. Das Wort »Françafrique« steht über diesem Abschnitt der Charta, aber die mit diesem Namen bezeichnete Einheit soll gerade aufgelöst werden. Weitere Unterpunkte: sofortiger Abzug aller französischen Soldaten; Ende des Systems des CFA-Franc, der an den Euro gekoppelten Währung der Westafrikanischen Wirtschafts- und Währungsunion, »das Afrika in der Armut hält«.

Muss es überraschen, dass der Forderungskatalog der Signalwestenträger, die von der hauptstädtischen öffentlichen Meinung als Populisten abgestempelt werden, auch Items einer postkolonialen Agenda enthält? Der Zorn der Demonstranten speist sich aus dem tiefsitzenden Eindruck, dass ihre eigene Heimat, das Herzland Frankreichs, ausgebeutet und vernachlässigt wird, also behandelt wird wie eine Kolonie. Die Rückabwicklung korrumpierender Importe aus Afrika soll beweisen: Die Reinheit der Nation, die man von den Eliten verraten wähnt, ist keine Illusion. Im vierten und letzten Kapitel der Charta, das mit »Geopolitik« überschrieben ist, folgt auf das Thema des französischen Afrika das Stichwort Immigration. Hier lautet die Forderung der Gelbwesten, die Ströme von Migranten zu stoppen, die aufzunehmen und zu integrieren unmöglich sei, »angesichts der tiefen zivilisatorischen Krise, die wir durchleben«. Der Historiker und Philosoph Achille Mbembe, akademischer Kulturbotschafter der afrikanischen Intellektualität, hat in seinen Interventionen in die Restitutionsdebatte einen Parallelismus von Kulturgüterschutz und Fluchtbewegungsmanagement beschrieben. Er hat damit ein europäisches Publikum verstört, dessen Mitglieder es wohl mehrheitlich für unproblematisch halten wollen, gleichzeitig Kunst- und Menschenfreunde zu sein, und es gerade deshalb nicht gewohnt sind, die beiden Themen zusammen zu sehen. »Europa kann nicht einfach die afrikanischen

Objekte in den Herzen seiner Städte einschließen und gleichzeitig Afrikanern die Einreise und damit auch den Anblick dieser Objekte verwehren.« Der unbekannte Verfasser der Charta der Gelbwesten würde diesen Satz Mbembes unterschreiben. Aber der Anonymus bejaht Mbembes rhetorische Frage: »Wollen wir wirklich in einer Welt leben, in der jeder und alles wieder nach Hause zurück muss?«

Wer die Charta in den Kopierkreislauf der sozialen Medien einspeiste, haben die französischen Journalisten nicht ermitteln können. Erst recht nicht, wer der Autor ist. Die autoritative Anmutung, der Anspruch, die Desiderate der diffusen Bewegung verbindlich zu bündeln, ist eine Fiktion: Gelbwesten-Veteranen, die vor der Presse als Sprecher des Protests aufgetreten waren, verneinten jede Kenntnis des Dokuments. Das macht es aber nicht zu einem *hoax*. Es ist nicht etwa so, dass die Forderung nach Rückgabe des Kulturbesitzes afrikanischer Provenienz in einen fremden Kontext eingeschmuggelt worden wäre, um eine satirische Absicht anzuzeigen und das Montageprinzip populistischer Agitation zu entlarven. Man muss nicht bezweifeln, dass die Franzosen in den gelben Uniformen der Gegengewalt zur Solidarität mit den Opfern der Kolonialherrschaft bereit sind – sofern die Afrikaner nur ihrerseits die Bereitschaft zeigen, sich um ihre Sachen in den Grenzen ihrer Länder zu kümmern. Eine offizielle Charta der Gelbwesten ist offenkundig ein Widerspruch in sich. Die Bewegung will keine Amtsträger hervorbringen: Ihren Talenten soll alles offenstehen außer der Karriere im Staatsdienst. Aus freien Stücken agieren die falschen Verkehrslotsen in einem Modus der Anonymität, wie ihn Organisationen von Migranten ohne Aufenthaltstitel notgedrungen ausgebildet haben, weil den ohne Papiere Aufgegriffenen bei Feststellung der Personalien die Ausweisung droht.

Der französische Staatspräsident Emmanuel Macron, der in den Wahlkampf mit einem Buch gezogen war, dessen Titel nicht mehr und nicht weniger als eine Revolution versprach, reagierte auf die Proteste mit einem administrativen Instrument des Ancien Régime, dessen massenhafter Gebrauch 1789 die Revolution einleitete. Er ließ auf den Rathäusern Hefte auslegen, in welche die Bürger ihre Beschwerden eintragen konnten. Dieser amtlich gesteuerten, im Namen der Egalität hierarchisch kontrollierten Kommunikation entzogen sich die Gelbwesten, indem sie einen asymmetrischen Bürgerkrieg der Meinungen anzettelten. Die offiziellen Mitteilungen der Organe der Republik gehen ins Leere, weil der offizielle Gegenspieler der Staatsmacht ein mit gelber Weste ausstaffierter Strohmann ist. In graphischer Gestalt wurde die Charta verbreitet: Die 25 Punkte erscheinen auf dem Hintergrund einer gelben Weste. Der virtuelle Plakatanschlag parodiert die Propaganda des revolutionären Staates: Auch die Erklärung der Menschen- und Bürgerrechte oder entscheidende Bestimmungen der Verfassungen wurden publik gemacht, indem sie gleich Bildern in den öffentlichen Raum gestellt wurden. Die Person in der bildschirmfüllenden gelben Weste, auf der die 25 Forderungen zu lesen sind, ist ein Torso: Das Volk kann es wagen, dem Präsidenten kopflos entgegenzutreten. Sämtliche Aktionen der Gelbwesten waren darauf angelegt, die Ohnmacht des Präsidenten zu demonstrieren. Eines der Mittel war das Plagiat. Mit der Forderung der Genugtuung für die beraubten Afrikaner machte sich die Charta ein Versprechen zu eigen, das Macron als seine ureigene Sache verkauft hatte.

Als er das Versprechen machte, war alles an dieser Geste auf größtmögliche Publizität berechnet: In seiner Rede vor den Studenten der Universität von Ouagadougou, der Hauptstadt von Burkina Faso, gebrauchte Macron am 28. November 2017 Formulierungen, die rund um die Welt Schlagzeilen machen mussten. Als Präsidentschaftskandidat hatte er am 16. Februar 2017 bei einem Besuch in Algier die Kolonialisierung als ein »Verbrechen gegen die Menschheit« bezeichnet, also als ein völkerrechtliches Verbrechen jener himmelschreienden Art, deren strafrechtliche Verfolgung die als Völkergemeinschaft organisierte Menschheit seit dem Nürnberger Prozess als ihre Aufgabe begreift. In Ouagadougou nahm Macron den Begriff auf und wandte ihn auf den Menschenhandel an: ein Menschheitsverbrechen, das sich schändlicherweise noch immer vor den Augen der Welt abspiele. Die museumspolitischen Absichtserklärungen im Schlussabschnitt der zweistündigen Rede standen also vor dem Horizont des Menschheitsthemas der völkermörderischen Zwangsmigration. Ein Pfeifkonzert war die Antwort, als Macron einen Zeitrahmen von fünf Jahren für eine Einigung über »vorübergehende oder endgültige Restitutionen des afrikanischen Erbes nach Afrika« setzte. Nicht Kritik artikulierten die Studenten mit diesem traditionellen Mittel des rituellen Ausdrucks ihrer kollektiven Stimmung im Augenblick, sondern begeisterte Zustimmung; das bewies der mit den Pfiffen gemischte Applaus.

Die Szene in dem nach Joseph Ki-Zerbo, dem Studentenführer, Unabhängigkeitskämpfer und Historiker, benannten Hörsaal steht am Anfang des Berichts einer Arbeitsgruppe, die der Präsident im März 2018 beauftragte, Vorschläge für die Umsetzung seines in Ouagadougou gesprochenen Satzes über die binnen fünf Jahren zu vereinbarenden Restitutionen auf Zeit oder auf Dauer zu machen. Mit der Federführung in der Arbeitsgruppe betraute Macron die Kunsthistorikerin Bénédicte Savoy und den senegalesischen Wirtschaftswissenschaftler Felwine Sarr. Der von Savoy und Sarr vorgelegte »Bericht über die Restitution des afrikanischen Kulturerbes« ist ein bürokratisches Dokument. Er ist in amtlichem Auftrag erstellt werden, und seine Autoren walteten kraft dieses Auftrags eines ihnen auf Zeit verliehenen Amtes. Zwar erschien eine Buchausgabe in den Éditions du Seuil, einem der angesehensten französischen Verlage, aber die Öffentlichkeit, nicht nur den Auftraggeber, erreichte der Bericht zunächst in der Originalversion, komplett mit Paratexten im Kanzleistil. Die »lettres de mission«, die Beauftragungsschreiben an die beiden Arbeitsgruppenleiter, wurden beide faksimiliert, obwohl der Wortlaut identisch ist. Zur Berichterstattung gehört die Dokumentation des Auftrags, damit überprüft werden kann, ob dieser im juristischen Sinne als erledigt anzusehen ist. Savoy und Sarr verstanden ihre Mission nun aber nicht ausschließlich gemäß dem Rechtsbuchstaben, sondern zugleich in einem erweiterten, historischen Sinne. Das zeigt ihr historiographischer Ansatz, die Entscheidung, den Bericht mit der Szene in Ouagadougou beginnen zu lassen, Lärmkulisse inklusive.

Im Katalog der Offiziellen Charta der Gelbwesten, einer langen Liste, die genau besehen noch viel länger ist, weil viele der 25 Punkte in selbständige Unterpunkte zerfallen, erscheint die Aufforderung zur Rückgabe afrikanischen Eigentums formal betrachtet unter »ferner liefen«. Der Name Macron fällt nicht; beiläufig gibt das Ersatzregierungsprogramm zu verstehen, dass sich das Projekt eines Ausgleichs mit Afrika auch ohne Macron im Amt verwirklichen lässt. Die To-do-Liste der Unzufriedenen, die sich mit dem Titel des Offiziellen nur wie mit einer erbeuteten Kokarde schmückt, entspricht den Erwartungen bürokratischer Rationalität paradoxerweise viel besser als der von Savoy und Sarr im Elysée-Palast abgelieferte, wahrhaftig offizielle Bericht. Dort wird nämlich der Vorgang, der in den Auftrag an die Verfasser des Berichts mündete, als persönliche Initiative des Präsidenten dargestellt, als einsame Handlung, die von den Usancen der Vorgänger abwich und auch von den Normen, nach denen die Usancen sich richteten, oder jedenfalls von deren bislang maßgeblicher Auslegung.

Eine Objektkategorie, die der Bericht bei der Klassifizierung der Museumsbestände nach Provenienzen unterscheidet, sind Stücke, die durch die Sammlungstätigkeit von Forschungsreisenden nach Frankreich gelangt sind. Die Expeditionen der französischen Ethnologie waren typischerweise Gemeinschaftsunternehmen auf Staatskosten. Als Schutzpatron einer solchen »mission« war der republikanische Staat an die Stelle des Monarchen getreten. Der Bericht über die Mission von Savoy und Sarr, die in der Hauptsache in Reisetätigkeit bestand, in Reisen der Arbeitsgruppenleiter in afrikanische Hauptstädte sowie in Reisen von Experten nach Paris, fällt in den Ton der höfischen Schmeichelei zurück, wenn er den Anteil des Initiators am Werk herausstreicht. Doch diese Partien sind mitnichten zeremonielles Beiwerk. Savoy und Sarr beschworen die Chance einer historischen Stunde, die deshalb geschlagen haben soll, weil Macron selbst die Rolle des Staatspräsidenten als Auftrag zum historischen Handeln interpretierte. Durch die Rede von Ouagadougou, so schreiben es Savoy und Sarr im Anhang des Berichts in dem Zeitplan, mit dem sie auftragsgemäß die Abfolge der nächsten vom Präsidenten ins Auge zu fassenden Schritte vorschlugen, hat sich ein »historisches Fenster« geöffnet.

Der Bericht, in den Akten der französischen Kulturverwaltung unter der laufenden Nummer 26 des Jahres 2018 abgelegt, rief weltweit Resonanz hervor. An inhaltlicher Kritik fehlte es nicht. Aber was das weitere Verfahren betrifft, den Gang der Debatte, für den Savoy und Sarr eher implizit Vorschläge machten, übernahmen die meisten Berichterstatter in den Medien die wichtigste Prämisse des Berichts. Allenthalben war zu hören, der französische Präsident setze diejenigen anderen europäischen Staaten unter Druck, die ebenfalls Museen für außereuropäische Kunst und Geschichte unterhalten. Gemeint war Zeitdruck. Beim Humboldt-Forum im nachgebauten Berliner Schloss, in dem die ethnologischen Sammlungen der Stiftung Preußischer Kulturbesitz aufgehen sollten, konnte dieser spannungsdramaturgische Kniff des Kulturjournalismus an den geplanten Eröffnungstermin Ende 2019 anknüpfen, obwohl dieser Termin schon oft genug verschoben worden war. Die in der Bundesregierung für Kulturpolitik zuständigen Staatsministerinnen, Monika Grütters und Michelle Müntefering, beeilten sich, in einem Zeitungsbeitrag die Direktoren der früheren Völkerkundemuseen vor einer »Verzögerungstaktik« bei der Identifikation von Restitutionsfällen zu warnen – Direktoren, die bei der Disposition über die Finanzmittel ihrer Häuser von der staatlichen Alimentation abhängen. In der Debatte um die räuberischen Enteignungen jüdischer Kunstsammler im Nationalsozialismus zog die Losung der Eilbedürftigkeit ihre Plausibilität aus dem Wunsch, betagten Überlebenden Bilder auszuhändigen, die sie in ihren Elternhäusern vor Augen gehabt hatten. Aber mit der Restitution afrikanischer Erbstücke ist im Bericht von Savoy und Sarr nicht die Herausgabe an Eigentümer im Sinne des Privatrechts gemeint, Erben nach bürgerlichem Recht. Das Eigentum an allen Museumsgegenständen, die vor 1960 im Auftrag des französischen Staates, von Akteuren des Staates oder auch nur mit Finanzhilfe des Staates aus Afrika abtransportiert wurden, soll, das schlägt der Bericht vor, an die Staaten übergehen, die sich heute dort befinden, wo die Dinge hergestellt wurden. Wenn mit dieser Eigentumsabtretung wirklich eine jahrhundertelange Übung wiedergutgemacht werden soll, die sich heute als Gewohnheitsunrecht darstellt, verbietet sich Hektik jedenfalls so lange, wie mit der Idee der Gerechtigkeit die Vorstellung der Angemessenheit im Einzelfall verknüpft ist. Der Eindruck der Zeitknappheit, den die Autoren mit fleißiger Terminkalenderbefüllung beglaubigten, hatte mit der Sache nichts zu tun, sondern folgte aus dem Setting ihres Unternehmens: der Vorgabe des Präsidenten, dass die »große Arbeit« fünf Jahre nach der Rede von Ouagadougou getan sein solle. Und die Erklärung für diese Selbstverpflichtung steht in der französischen Verfassung: 2022 endete die fünfjährige Amtszeit Macrons.

Acht Monate nach Entgegennahme des Auftrags legten Savoy und Sarr ihren Bericht vor – pünktlich, denn auch der Abgabetermin war vorgegeben. Dieses Akkordarbeitstempo trug nicht wenig zur Wirkung des Berichts bei. Aus einer anderen Welt schien das Paket der 240 Seiten gefallen zu sein, das den Wissenschaftlern und Kulturbürokraten auf die Schreibtische knallte. In der Ethnologie, der Museologie und überall sonst, wo Untersuchungsaufträge an Forscher vergeben werden, gehen acht Monate normalerweise schon für die Antragstellung drauf. Vor lauter Staunen unterließ man die Frage, was Savoy, Sarr und ihre Mitarbeiter innerhalb der ihnen gesetzten Frist überhaupt hatten untersuchen können. Dabei ergibt es sich aus dem Auftrag, der dem Publikum durchaus nichts vormachte. Eine deutsche Zeitung vermeldete: »Jetzt liegen die Fakten auf dem Tisch: Es ist alles viel schlimmer und einfacher als gedacht.« Aber Fakten haben Savoy und Sarr gar nicht ermittelt. Sie haben keine exemplarischen Objektbiographien oder Sammlungsgeschichten erforscht. Ihre Untersuchung ist normativer, um nicht zu sagen: politischer Natur. Moralische Gründe für das »Projekt der Restitution« werden starkgemacht, juristische Gegengründe sollen entkräftet werden. Hermann Parzinger, als Präsident der Stiftung Preußischer Kulturbesitz Chefplaner des Humboldt-Forums, aus dessen Beirat Bénédicte Savoy im Sommer 2017 im Protest ausgetreten war, äußerte sich unnötig defensiv, als er versicherte, in Deutschland befinde man sich längst auf dem von Macron gewiesenen Weg, da man sich intensiv in der Provenienzforschung engagiere. Savoy und Sarr erklärten die Provenienzforschung kurzerhand für entbehrlich. Die Stichjahresregelung des Berichts wollte einen Automatismus der Restitution installieren: Jedes vor 1960 erworbene Objekt ist zurückzugeben – es sei denn, es liegen »ausdrückliche Zeugnisse« für die »volle Zustimmung« des Eigentümers im Moment des Besitzübergangs vor.

Die Schnelligkeit, mit welcher der von Empirie entlastete Bericht angefertigt werden konnte, hat eine symbolische Funktion. Emblematisch steht er für die von ihm vorausgesetzte und empfohlene Form staatlichen Handelns, für einen Stil der exekutiven Entschlossenheit. Am gründlichsten interpretiert der Bericht die Dokumente, auf denen seine eigene Autorität beruht, den Entsendungsbrief an die Arbeitsgruppenleiter und die Rede in Ouagadougou. Savoy und Sarr zitieren und interpretieren Macron, um den ersten Leser des Berichts auf ihre Lesart seiner Worte zu verpflichten. Der Präsident hatte in seiner Rede versprochen, die

Bedingungen für »des restitutions temporaires ou définitives« zu schaffen. Savoy und Sarr nehmen die Worte auseinander und behaupten, dass eine zeitlich begrenzte Restitution ein Oxymoron sei, ein Widerspruch in sich: eine Rückgabe unter der Bedingung künftiger Rücknahme. Sie lösen den vermeintlichen Widerspruch auf, indem sie postulieren, dass mit der Rückgabe auf Zeit vernünftigerweise nur ein Zwischenzustand gemeint sein könne, der in dem einen oder anderen Fall aus logistischen Gründen womöglich zweckdienlich sein werde. Das Telos des von Macron in Gang gesetzten Prozesses soll in jedem einzelnen Fall die als Endzustand gedachte Restitution sein. Savoy und Sarr sahen sich ermächtigt, den Präsidenten in diesem Punkt besser zu verstehen, als er sich selbst verstand – das ist die Grundoperation der höfischen Hermeneutik.

In der deutschen Öffentlichkeit wird Macron eher als Mann deutlicher Worte wahrgenommen, jedenfalls als Repräsentant der französischen Staatskunstfertigkeit in der amtlichen Rhetorik. Savoy erläuterte im Deutschlandfunk Kultur, warum die Autoren des Berichts ihrem Auftraggeber Selbstverständnishilfen mitgeliefert hatten. »Er hat tatsächlich etwas gesagt, das unscharf war oder vielleicht auch typisch für ihn. Eine temporäre Rückgabe ist keine Rückgabe, darauf haben wir auch im Bericht aufmerksam gemacht. Wir haben versucht, diese Zweideutigkeit zu klären.« Nach lupenreiner bürokratischer Logik war die fundamentale Prämisse der Untersuchung für Sarr und Savoy die Überzeugung von der Wichtigkeit des eigenen Unternehmens. »Wir können uns unter temporärer Restitution nichts vorstellen. Das wäre eine Leihgabe, für so etwas braucht man keine ›mission‹, keine Beauftragung von zwei Leuten, das machen Museen schon.« Hier ist »mission« der technische Begriff für die amtliche Entsendung.

Die Entgegennahme des Berichts durch den Präsidenten war ein feierlicher Akt, dessen Bedeutung eine schriftliche Erklärung des Empfängers festhielt. Macron vermied es, die ihm nahegelegte einschränkende Auslegung seiner Worte aus Ouagadougou zu übernehmen. In der deutschen Rezeption, fixiert auf die kühne Tat des Präsidenten, wurde das bisweilen übersehen. Macrons Zusage der Herausgabe von sechsundzwanzig Teilen des Königsschatzes von Dahomey aus der Sammlung des Musée du Quai Branly war kein Präjudiz. Zwar hatte die Regierung seines sozialistischen Vorgängers François Hollande noch zwei Jahre zuvor die von der Republik Benin begehrte Rückgabe wegen juristischer Unmöglichkeit abgelehnt. Aber als Kriegsbeute sind die Dahomey-Schätze ein ziemlich klarer und eben deshalb nicht einfach verallgemeinerbarer Fall.

Die Debatte, die der Bericht in Paris auslöste, nahm das von Savoy und Sarr gesetzte Tempo auf. Niemand hatte Zeit zu verlieren: Diese Maxime ergab sich aus dem offiziellen Charakter des von Macron in Gang gesetzten Denkschriftverkehrs, eines Prozesses der öffentlichen Konsultation. Frankreichs Präsidialverfassung funktioniert insoweit immer noch wie ein Königshof. Es ging darum, dem Präsidenten zu soufflieren, wie er die in seinen öffentlichen Äußerungen vorgenommene Selbstbindung verstehen wollte. Zwei Wochen vergingen zwischen der Übergabe des Berichts an den Präsidenten und der Publikation der Offiziellen Charta der Gelbwesten. Die »biens mal acquis« sollen gemäß der Charta den afrikanischen Völkern zurückgegeben werden. Warum verschwenden die Patrioten aus der Provinz keinen Gedanken an den Grundsatz der Unveräußerlichkeit (»inaliénabilité«) des nationalen Kulturerbes, das Prinzip des französischen Rechts, das nach herrschender Meinung, wie der Bericht von Savoy und Sarr eingestehen muss, ein schier unüberwindliches Hindernis für das Projekt der Restitution bildet? Der Gedanke eines Verfügungsverbots über das Staatsvermögen dürfte den Gelbwesten prinzipiell suspekt sein, weil es die Macht der Staatsbürger einschränkt und die Freiheit der Vermögensverwalter vermehrt. In ihren Augen scheinen auch große Teile des Steueraufkommens auf schlechte Weise erworben.

Nur fünf Tage benötigte die Académie des beaux-arts, um eine Stellungnahme zu den Empfehlungen von Savoy und Sarr zu publizieren. Die Künstlervereinigung, eine der fünf im Institut de France vereinten ursprünglich königlichen Akademien, bekräftigte auf einer Plenarsitzung am 28. November 2018 das Prinzip der »inaliénabilité« der nationalen Sammlungen und bezeichnete es als unantastbar. Kein Kunstgegenstand, der in staatliche Obhut genommen worden ist, darf wieder herausgegeben werden: Dieses Geschäftsmodell beziehungsweise dieses Modell untersagter Geschäftstätigkeit ist dem Akademiebeschluss zufolge untrennbar verbunden mit der Idee des Universalmuseums, welche die Akademie als französische Erfindung rühmt. Universal ist nach dieser Idee nicht nur das Sammelgebiet des Museums, sondern auch das Publikum. Die Akademie spricht von einer »großzügigen und offenen Konzeption«. Soll heißen: Afrikanische oder asiatische Werke werden selbstverständlich Teil der nationalen Sammlungen, und jedermann erhält zu ihnen Zugang. Jenseits der aphoristischen Explikation dieser Museumsidee, der Gleichsetzung von Universal- und Nationalmuseum, nennt das Kommuniqué der Akademie keine Gründe für ihr Festhalten am absoluten Kulturgutschutzbegriff der französischen Gesetzgebung.

Der Verlautbarungsstil passt zur hierarchischen Struktur eines zentralisierten Kulturlebens, in dem der Status der Akteure auf staatlicher Verleihung beruht. Jedoch ist der Duktus des Berichts von Sarr und Savoy in ähnlicher Weise anti-diskursiv – auf ungleich längerer Strecke. Im Anhang wird die Tagesordnung des Kolloquiums abgedruckt, auf dem die Arbeitsgruppe am 28. Juni 2018 die juristische Problematik erörtern ließ. Auch die Uhrzeiten der Vorträge werden genannt, aber die Argumente und Gegenargumente der Vortragenden werden nicht referiert. Das Prinzip, dass der Staat seine Kulturschätze weder gegen Geld noch moralischer Gratifikation zuliebe hergeben kann, wollten Savoy und Sarr nicht widerrufen. Sie regten lediglich eine Ausnahme an – eine Ausnahme, die Zehntausende von Objekten und ganze Museumsabteilungen betrifft. Die französische Gesetzgebung zum nationalen Erbe geht auf die vorrevolutionäre Zeit zurück. Sie hat, wenn man so will, Verfassungsrang, und zwar schon länger, als es in Frankreich eine Verfassung im Sinne eines förmlichen Staatsgrundgesetzes gibt. Denn ihr Prinzip ist dasselbe wie das der Verfassung: Nicht alles, worauf die staatlichen Amtsträger Zugriff haben, ist ihre Verfügungsmasse; Museumsdirektoren, aber auch Kulturminister, sind nur Treuhänder der Allgemeinheit. Der Bericht musste seine Hoffnung auf die Kompetenz des Präsidenten setzen, Ausnahmeverfügungen zu treffen, beziehungsweise auf die rhetorische Begabung des Amtsinhabers, den Gesetzgeber zu Ausnahmeregelungen zu bewegen. Mit einem Satz zusammengefasst wird im Anhang das Ergebnis einer Beratung der Arbeitsgruppe mit Beamten des Kulturministeriums in Paris: Es sei herausgekommen, »dass das Recht plastisch sei und dass, wenn die Politik es wünsche, es sich entwickeln werde«. Unter rechtsstaatlichen Gesichtspunkten wird man es bedenklich finden, dass eine solche Sicht der Rechtsentwicklung im Bann des Desiderats aus der Exekutive heraus empfohlen wurde.

Eine der von der Arbeitsgruppe in Afrika konsultierten Expertinnen ist Amirata Touré, die frühere Kultur- und Tourismusministerin von Mali, im Anhang des Berichts vorgestellt als Verfasserin eines Schlüsseltextes zur Frage der Restitution von Kulturgütern aus dem Jahr 2006. Sie verfasste diesen Text anlässlich der Einweihung des Musée du Quai Branly durch dessen Gründer, den Präsidenten Jacques Chirac. Er hat die Form einer ungehaltenen, alternativen Eröffnungsrede. Schon damals stellte Touré her, was Achille Mbembe ein Jahrzehnt später herausarbeiten sollte: den Zusammenhang zwischen dem zur Abwehr der Migration aus Afrika hochgerüsteten europäischen Grenzschutzregime und dem französischen Kulturgüterschutz als Unterpfand der universalistischen Kulturmission. Am Anfang ihres Textes malte sie aus, was gleichzeitig mit der Eröffnungsfeier des Museums auf dem Mittelmeer vor sich ging: ein Massensterben von Flüchtlingen. Sie postulierte, dass die Werke des Branly-Museums den »enterbten Völkern« der afrikanischen Staaten gehörten und damit Teil des »kulturellen und künstlerischen Erbes« der Todgeweihten ohne Reisepapiere seien. Am Ende bediente sich die frühere Ministerin eines klassischen Mittels der pathetischen Redekunst: der Apostrophe. Sie sprach die Werke auf den Podesten des Branly-Museums an und forderte sie auf, für die Afrikaner zu sprechen, die das Museum nicht betreten konnten, weil sie von den Grenzen Frankreichs ferngehalten wurden. Von außen hieß Touré die Festgäste des Präsidenten willkommen in einem »musée de l'interpellation«, einem Museum des Verhörs, in dem die afrikanischen Kunstwerke festgehalten werden, um Zeugnis abzulegen – aber nur vorläufig festgehalten, bis zum Tag der Restitution.

Diese postkolonialistische Gegenrede im historischen Moment der Branly-Eröffnung, als die Pariser Museumspolitik glauben wollte, das Erbe der Kolonialmuseen ein für alle Mal im Universalismus einer kontextlosen Zurschaustellung der Weltkunst aufgehoben zu haben, bestimmte keine 15 Jahre später die französische Staatsräson – oder jedenfalls die Rhetorik des Präsidenten. Als hätte ihm Tourés Schlüsseltext das gesamte Problem aufgeschlossen, schickte Macron seiner Rede in Ouagadougou einen Tweet hinterher: »Das afrikanische Erbe darf kein Gefangener europäischer Museen sein.« Eine historische Einordnung dieser Formulierung nimmt der Bericht von Savoy und Sarr auf seiner ersten Seite vor: Der Präsident habe »die alte und geläufige Metapher vom Museum als einem kerkerartigen Raum« verwendet. Bénédicte Savoy zeigt in ihrer umfangreichen Untersuchung der französischen Konfiskationen von Kunst im Zeitalter der Revolutionskriege und Napoleons und der dadurch hervorgerufenen Debatten, wie die Kerkermetapher als Waffe einer nationalistischen Polemik prominent wurde. Ein anonymer Autor des »Teutschen Merkur« sah sich 1797 im Louvre in ein »Kunstgefängnis« versetzt, wo die aus Rom entführten antiken Statuen »mitten unter den niedlichen Sklavenfiguren von Ludwigs XV. und Heinrichs IV. Bildsäulen im bunten Allerley des französischen Geschmacks paradieren« mussten. Achille Mbembe, der wegen seiner Kritik am Idealbild einer Welt der universalen Rückkehrpflichten hier und da als Restitutionsskeptiker verstanden worden war, stellte sich in »Le Monde« hinter die Vorschläge des Berichts von Savoy und Sarr. Er nahm das Bild vom Kunstgefängnis beim Wort, indem er es mit dem bösesten Indiz des fortwirkenden strukturellen Rassismus in den Gesellschaften der alten Kolonialmächte verknüpfte, der Überrepräsentation der Nachkommen der Sklaven unter den Strafgefangenen: »Wer begreift nicht, dass Afrika der Welt einen großen Tribut entrichtet hat und dass es etwas Gewaltiges, fast Unbezahlbares gibt, das es dabei für immer verloren hat und von dem das Leben all unserer Objekte in Gefangenschaft ebenso zeugt, wie das all unserer Menschen in der Gefängniswelt von gestern und heute?«

Der »Bericht über die Restitution des afrikanischen Kulturerbes« weist sich im Untertitel als

Beitrag auf dem menschheitlichen Weg »zu einer neuen Ethik der Beziehungen« aus. Frankreich sollte der Welt ein Beispiel dafür geben, wie »die Beziehungen zwischen den Völkern und den Nationen« auf eine neue Basis des wechselseitigen Respekts gestellt werden können. Auch im Innenverhältnis des Expertenstreits ließen Savoy und Sarr es an ethischem Anspruch nicht fehlen. Mitte Januar 2019 absolvierten sie eine Art Erklärungstour in Deutschland. Sie traten in Berlin und München vor Publikum auf und gaben ausführliche Interviews. Mehrfach nahmen sie Stellung zu der Kritik, die ihr Bericht provoziert hatte. Aber den Argumenten der Kritiker setzten sie weniger Gegenargumente entgegen als diskursethische Rügen. In einem einstündigen Interview im Deutschlandfunk Kultur legte Savoy dar, vier oder fünf Einwände würden immer wieder vorgebracht. »Wir haben mittlerweile den Verdacht, dass diese Einwände nicht inhaltlicher Art sind, sondern dass sie da sind, um eine weitere Diskussion zu verhindern.« Den Argwohn, man habe es mit Attrappen von Argumenten zu tun, machte das bloße Faktum der Wiedervorlage noch nicht plausibel. Auch Sarr und Savoy wiederholten ihre Punkte; das liegt in der Natur des öffentlichen Streits. Den Verdacht, die Gegenseite entziehe sich der inhaltlichen Erörterung, der sich angeblich »mittlerweile« verdichtet hatte, also allmählich gewachsen sein soll, hatten sie gleich am Anfang der Debatte geäußert, in ihrer Replik auf die ersten

Kritiker, die »Le Monde« am 30. November 2018 publizierte, eine Woche nach der Übergabe des Berichts an Macron.

Dass Hermann Parzinger in der »Frankfurter Allgemeinen Zeitung« auf deutsche Stimmen verwies, die am »Jargon« einer »Ideologie des Sühnens und Büßens« Anstoß nahmen, kommentierten Savoy und Sarr wie folgt: »Das Vorgehen ist wohlbekannt; es besteht darin, nie in der Hauptsache zu antworten, sondern anzufangen mit dem Versuch, diejenigen unglaubwürdig zu machen, deren Analysen und Schlussfolgerungen man nicht teilt, um so ihre Methode in Misskredit zu bringen.« Für sachdienlich hielten die Autoren die Klage darüber, dass Parzinger ihre »lange universitäre Erfahrung« nicht erwähne. »Müssen wir daran erinnern, dass wir beide Universitätsprofessoren sind und dass unsere Stellung auf einer wissenschaftlichen Arbeit beruht, die seit zwanzig Jahren die Anerkennung unserer Kollegen findet?« Ach so, sie sind Professoren; das ist etwas anderes: In Deutschland wäre solche Statushuberei wohl als Ablenkungsmanöver empfunden worden. Das ist im französischen Wissenschaftssystem anders, wo Autorität auf dem vom Staat übertragenen Status in einem hierarchisch gestaffelten Unterrichtswesen beruht. Emmanuelle Loyers Biographie von Claude Lévi-Strauss hat vor Augen geführt, wie die Frage, wer wann wo einen Lehrstuhl erhält, den Habitus des Stamms der Professoren regiert. Der »Bericht« ist ein amtliches Dokument, mit dem Savoy und Sarr in einen Kampf innerhalb der französischen Staatsverwaltung eintraten.

Der geborene Gegenspieler von Savoy und Sarr auf der obersten Verwaltungsebene war Stéphane Martin, der Gründungsdirektor des Musée du Quai Branly. Er drehte den Vorwurf der Gefangennahme um. In seinen Augen regiert den Bericht »eine Logik, in der das Kulturerbe zur Geisel der Erinnerung wird« (»une logique où le patrimoine devient l'otage de la mémoire«). Die im Museum aufbewahrten, der Konservierung bedürftigen Dinge werden der Erinnerungspolitik dienstbar gemacht und auf eine Reise ins Ungewisse geschickt: Martin sprach *pro domo*. Aber seine Analyse trifft den wunden Punkt der Geschichtsphilosophie, der die Vorschläge des Berichts ihren Zusammenhang und Sinn verdanken. Man betrachte eine Stelle, an der die Autoren dasselbe Bild verwenden wie ihr Kritiker. Solange »die jungen Generationen der Afrikaner« keinen Zutritt zu den Kunstwerken ihrer Vorfahren erhalten, bleiben sie »Geiseln einer unzulässigen Geschichte« (»otages d'une histoire irrecevable«). Eine Geschichte, die diese jungen Afrikaner nicht kennen können und die daher als Beweismittel für die Produktivität afrikanischer Kulturen sozusagen nicht zugelassen ist, hält sie in Geiselhaft. Warum? Eine wichtige Erkenntnis von Savoys Forschungen zum französischen Kunstraub ist, dass den Beraubten oft erst durch den Verlust bewusst wurde, was sie verloren hatten. Die Entdeckung der altdeutschen Kunst wurde dadurch gefördert, dass Napoleons Kunstkommissar Vivant Denon bei der Inspektion der Depots so viel Wert auf die primitiven Meister legte. Savoy zog aus dieser dialektischen Beziehung eine ironische, versöhnliche Pointe: Die Deutschen hatten Grund, für die zeitweilige Auslagerung ihrer Memlings und Schongauers dankbar zu sein. Der analoge Befund im heutigen Afrika stellt sich dem Bericht als viel dramatischer dar. Wo die deutschen Zeitgenossen Denons ihre einheimischen Maler unterschätzten, da weiß ein Jugendlicher heute in Ouagadougou, falls er kein Student ist, wahrscheinlich noch nicht einmal, dass es Bildhauer in Afrika gegeben hat.

Martin hat am Bericht kritisiert, er mache aus den afrikanischen Sammlungen in den europäischen Museen »eine Art von Totem des Leidens« an der Kolonialisierung. Dieses Argument stellten Savoy und Sarr in »Le Monde« als Angriff auf die Person von Sarr hin. »Es scheint, weil man es mit einem Afrikaner zu tun hat, glaubt man sich von Natur aus autorisiert, seine Methode als Produkt eines Traumas oder Affekts zu schildern. Man reaktiviert die alte fixe Idee des Gegensatzes zwischen der westlichen Rationalität und der Emotionalität des Afrikaners oder die Idee, dass die seelischen Wunden, die ihm geschlagen wurden, eine tiefe Spur haben hinterlassen müssen.« Martins Argument war aber entgegen der Behauptung von Savoy und Sarr überhaupt nicht an Sarr persönlich »adressiert«. In einem Interview mit dem »Tagesspiegel« zitierte Savoy Martins Wort vom »Totem des Leidens« als Beleg dafür, dass die Kritiker des Berichts sich in der Regel nicht inhaltlich mit ihm auseinandergesetzt hätten.

Wer nur die Zeitungen und nicht auch den Bericht las, konnte nicht im Traum auf den Gedanken kommen, dass die Figur des Traumas dort ein zentraler Begriff ist. Der Bericht zitiert die 2018 erschienene Monographie der Psychoanalytikerin Karima Lazali über das »koloniale Trauma« der Algerier und verweist auf Savoys eigene Forschungen zum napoleonischen Kunstraub, der angeblich eine Traumatisierung der Beraubten bewirkte. Postulierte kollektivpsychische Langzeitwirkungen der Entfernung von Objekten sind die Begründung des Berichts für die Dringlichkeit des Rückgabeanspruchs. Dass, wie der Bericht einräumt, oft nicht einmal Museumsbeamte von den Verlusten wissen, wird als Indiz dafür genommen, wie tief der Schmerz sitzen muss. Savoy und Sarr warfen Martin die Pathologisierung der afrikanischen Erfahrung vor, mit der ihr »Projekt der Restitution« steht und fällt.

Die Wegführung von Kriegsbeute löst eine Demütigung aus, die lange nachwirkt. Eine Einsicht, bei Tauschgeschäften systematisch übers Ohr gehauen worden zu sein, kann einen ähnlichen Effekt haben. Das sind die mehr oder weniger plausiblen sozialpsychologischen Prämissen des Kalküls der Restitution. Aber der Bericht möchte annehmen, dass das wahre Trauma dadurch erzeugt worden ist, dass viele Afrikaner sogar die Erinnerung an den Raub verloren haben. Der Bericht konstruiert die Figur eines Phantomschmerzes zweiter Ordnung. Zu Geiseln stilisiert er die »Erben einer Geschichte, die in Fragmenten übermittelt wurde, und einer Erinnerung, die durch eine verstümmelte Erzählung verdunkelt wird« (»une mémoire occultée par un récit tronqué«). Wie immer es nun um die Triftigkeit dieses gedächtniswissenschaftlichen Okkultismus bestellt sein mag: Diese Pathologie belädt jedenfalls die Kunstobjekte mit ungeheuren Erwartungen. Ihre Heimkehr soll die Heilung des beschädigten Bewusstseins bewirken – eines kollektiven Bewusstseins.

Savoy zitiert gerne die 1798 publizierte Abhandlung des Philosophen K. H. Heydenreich über die völkerrechtliche Frage: »Darf der Sieger einem überwundenen Volke Werke der Literatur und Kunst entreißen?« Das Barbarische des Kunstbeutemachens sah Heydenreich darin, dass der Sieger den Besiegten die »Mittel der Kultur« wegnehme, die »Muster« der künstlerischen Bildung. Für die gewaltsame Unterbindung der nationalen Regeneration, die von den Künsten ausgehen sollte, prägte schon Heydenreich den Begriff eines »Verbrechens gegen die Menschheit«: Denn »solange die besiegte

Nation dauert, wird auch ihre Kränkung über jenen Verlust dauern, der alle Jahrhunderte hindurch nicht ersetzt werden kann«. In den afrikanischen Ländern soll nun gemäß der Übertragung dieses romantischen Theorems vom Stachel des Ressentiments die Wiederbegegnung mit unbekannten Meisterwerken nicht bloß nach einer militärischen Niederlage Kraft spenden, sondern durch Anregung der Vorstellungskraft jene strukturelle Unterlegenheit der früheren Kolonien lindern, welche die Nationsbildung nach westlichem Muster gehemmt hat.

Der besorgten Frage, ob denn die Infrastruktur der afrikanischen Museumslandschaft auf die Rücknahme der gesamten kolonialzeitlichen Bestände der europäischen Museen vorbereitet ist, von den Staatsministerinnen Grütters und Müntefering eilfertig als Ausdruck von eurozentrischem Hochmut gerügt, hielt Savoy eine Lehre ihrer Studien zur Restaurationszeit entgegen: Die Rückgabe der von den Franzosen entwendeten Kunstschätze führte überall zur Gründung von Museen. Der Bericht geht nicht darauf ein, dass die nationalpatriotisch gesinnten Künstler und Kunsthistoriker damals aus dem Studium der jeweiligen vaterländischen Denkmäler auf die Existenz konkurrierender Nationalgeister schlossen. Soll man denn den afrikanischen Nationalmuseen auch solche Geistererscheinungen wünschen? Nachdem Kulturwissenschaftler Bibliotheken über »die Erfindung von Traditionen«

vollgeschrieben haben, wäre es ein Treppenwitz der Weltgeschichte, diese Erfindungskraft jetzt in einem kontinentalen Großexperiment stimulieren zu wollen. Aber eben auf das erfinderische Moment bei der Aneignung der fremd gewordenen bildnerischen Traditionen muss der Bericht setzen, weil Savoy und Sarr den aus ganz anderen gesellschaftlichen Zusammenhängen stammenden Figuren von Herrschern und Göttern ja keine magische Kraft zuschreiben können, die sich von selbst der Nachgeborenen bemächtigen wird.

Erik Zielke kritisierte in seiner Rezension der deutschen Buchausgabe des Sarr-Savoy-Berichts im »Neuen Deutschland« die Begründung des Rückgabeprogramms des Berichts von einem Standpunkt linker Nationalismuskritik aus. Die Rede von »fluider« Kultur und vermeintlichem Universalismus in den Werken werde durch ein eigenartiges Konzept neuer afrikanischer »Nationalkulturen« konterkariert. »Die Autoren schreiben eine scheinbar erstrebenswerte Identität herbei, die anknüpft an die Monarchien vergangener Tage und spirituelle Heimat. Folgt diese Verklärung der Zeit vor den unmenschlichen Kolonialverbrechen nicht auch einem zweifelhaften, kolonial geprägten Blick?«

An politischer Phantasie fehlte es Macrons Abgesandten nicht, die verteilen wollten, wo Denon zwei Jahrhunderte zuvor eingesammelt hatte. Ausdrücklich schreiben sie dem afrikanischen Patrimonium die Funktion zu, die vom Kongress von Berlin 1884/85 gezogenen Grenzen abzuschaffen. Bedingung der Freiheit sei es, proklamieren Savoy und Sarr am Schluss des Berichts, sich nicht von der Geschichte beherrschen zu lassen, sondern die Geschichte in der Gegenwart neu zu schreiben. Dieser Voluntarismus ist die Konsequenz der von Stéphane Martin beklagten Mediatisierung des dinglichen Erbes. »Italisches Ausleerungsgeschäft« lautet die Überschrift eines Artikels über die französischen Beschlagnahmungen, der 1798 im »Neuen Teutschen Merkur« erschien. Sowohl im Text des Berichts als auch bei ihren öffentlichen Auftritten beteuern Savoy und Sarr, dass sie kein französisches Ausleerungsgeschäft im Sinn hätten. Schon aus praktischen Gründen würden noch genug Objekte in den Museen zurückbleiben. Aber der alptraumhaften Einsicht, dass sich die gesamte Geschichte der französischen Präsenz in Afrika im Rückblick als ein einziges Verbrechen gegen die Menschheit darstellt, wäre nur die ganz große, napoleonische Geste gewachsen. Wie Tristram Hunt, der Direktor des Victoria and Albert Museum in London, anmerkte, behandelt der Bericht von Savoy und Sarr die Museen als »Werkzeuge der Regierung«. Präsident Macron ist 2022 wiedergewählt worden, ohne bis zu diesem Termin, wie in Ouagadougou in Aussicht gestellt, in großem Stil Restitutionsvereinbarungen mit den früheren französischen Kolonien abgeschlossen zu haben. Seine zweite Amtszeit wird 2027 enden. Wenn Macron den Ratschlägen des Berichts folgen will, kann er das wegen des Prinzips der Unveräußerlichkeit rein symbolische Kapital der Museen für einen Akt des großen Verzichts nutzen, nach dem Vorbild des Adels in den Generalständen, der am 4. August 1789 der Nation seine Privilegien zurückgab. Die vier ersten Nachfolger von Charles de Gaulle im Amt des Präsidenten der Fünften Republik verewigten sich als Museumsstifter: Pompidou mit dem Musée de l'art moderne, Giscard mit dem Musée d'Orsay, Mitterrand mit dem Grand Louvre und Chirac mit dem Musée du Quai Branly. Will der achte Präsident seine Vorgänger mit der Auflösung des Universalmuseums überbieten, soll dem Centre Pompidou die Macron-Zentrifuge folgen? Als Mäzene afrikanischer Museumsgründer sind die antikolonialen Großmächte der neuesten Welt aktiv, China und Nordkorea. Die Geopolitik, in der Charta der Gelbwesten ein Kapitel für sich, wird im Bericht von Savoy und Sarr nicht angesprochen, ohne deshalb nicht präsent zu sein.

Das aus Frankreich exportierte Museum löste afrikanische Götterstandbilder wie europäische Altargemälde aus ihren lokalen, kultischen Verwendungszusammenhängen heraus. Es nahm für sich in Anspruch, die Kunst aus der babylonischen Gefangenschaft der Zweckbestimmung befreit zu haben. Diese Autonomieleistung will der Bericht von Savoy und Sarr rückgängig machen. Die Heimholung der Objekte aus dem Kunstgefängnis soll erklärtermaßen in ihre »Resozialisierung« münden, die Wiedereingliederung in religiöse und andere Praktiken. Sie sollen den Kunststatus nicht verlieren, aber Kunst gilt nur noch als Mittel zum Ausdruck kollektiver Identität. Savoy und Sarr berufen sich auf einen berühmten Vorgänger, einen französischen Intellektuellen, der ebenfalls in amtlicher Mission durch Afrika gereist war. Michel Leiris, ein Schriftsteller aus dem Kreis der Surrealisten, fungierte als Sekretär und Archivar einer Expedition, die von 1931 bis 1933 in 21 Monaten das subsaharische Afrika von Westen nach Osten durchquerte, auf 21 000 Kilometern von Dakar bis Dschibuti, um einen Grundbestand an Objekten für die Afrika-Abteilung das Musée d'ethnographie du Trocadéro zu sammeln. Mehr als 6000 Objekte kamen zusammen. Die Instruktionen für dieses Feldforschungsunternehmen formulierte die Nationalversammlung, in Form eines Gesetzes. Leiris arbeitete nach der Rückkehr sein Feldtagebuch zu einem Buch aus, das er 1934 unter dem Titel »L'Afrique fantôme« publizierte. Es wurde ein Klassiker ethnographischer Institutionskritik, weil es die erzwungene Akkumulation als den Normalfall beschrieb, als methodische Routine. Sarr und Savoy bescheinigen Leiris, die kolonialistische Logik von Misstrauen, Einschüchterung und Übergriff entlarvt zu haben. Wenn Leiris, wie Helmut Mayer in seiner Rezension der von Irene Albers 2022 veranstalteten kommentierten Ausgabe von »Phantom Afrika« anmerkte, »in einer merkwürdigen Gegenrechnung das mit dem Raub begangene Sakrileg als angemessene Inbesitznahme von sakralen Gegenständen« entschuldigte, weil der Kauf die wahre Entweihung bedeutet hätte, so stellte er sich Gegenstände mit ritueller Bestimmung als das Gegenteil von Produkten mit Marktwert vor. Aber in einem 1953 im Auftrag der Unesco verfassten Vortrag warnte Leiris auch vor dem Glauben, dass bei der Herstellung der Ritualobjekte »keine bewusste ästhetische Intention eine Rolle spielt«. Er sammelte die Namen von Individuen, die ihren Völkern als besonders begabt für das Schnitzen oder Schmieden im Gedächtnis blieben. In den Museen, deren Bestände Savoy und Sarr zerstreuen wollen, konnten auch namenlose Künstler in ihrer Individualität hervortreten.

Eine Folge der Übertragung der Schablone der »Raubkunst« aus dem NS-Kontext auf das welthistorische Phänomen des Kolonialismus ist eine Verkümmerung der moralischen Phantasie, die der Hamburger Ethnologe Fritz W. Kramer im Mai 2018 in der »Zeit« kritisierte: »In der Öffentlichkeit erscheinen die Gesellschaften, aus denen die Objekte stammen, jetzt nie als handelnde Subjekte, sie werden durchweg zu passiven Opfern degradiert.« Indem Kramer davor warnte, »Raub und Betrug« für »das Grundprinzip kolonialzeitlichen Sammelns« zu halten, wollte er Ethnographen und Kolonialbeamte nicht exkulpieren. Gestützt auf Beispiele aus der eigenen Feldforschung, erinnerte er vielmehr an »die traditionelle Leidenschaft nicht kapitalistischer Gesellschaften für den Tausch«. Wenn aber nichts freiwillig hergegeben wurde, wenn alles, wie Joseph Görres 1815 behauptete, »abgeängstet, abgedrungen, abgelistet« worden ist, dann muss es unentbehrlich, unschätzbar wertvoll, heilig gewesen sein. So lädt der Bericht der zu restituierenden Kunst ungeheure Erwartungen auf: Die Autopsie der heimgekehrten Objekte soll die Regeneration von Nationen einleiten, die es im Moment des sogenannten Raubs noch gar nicht gegeben hatte. Nicht alles soll Ausstellungsware bleiben, die Dinge sollen wieder in rituellen Gebrauch genommen werden und eine Wirkung entfalten, die man nicht anders als magisch nennen kann. In einem Radiogespräch mit René Aguigah sagte Savoy im Januar 2019, die Objekte seien »viel, viel mehr als nur Form und Material, sie sind Energie, spirituelle Energie oder was auch immer für eine Energie«. Außerdem müssten sie auch als Subjekte angesehen werden.

In der ethnologischen Wissenschaft war der Totemismus einmal eine imperiale Idee – in dem Sinne, dass er alles erklären sollte, die Entwicklung der Religionen der Welt. Heute setzt sich dem Verdacht der Unbildung aus, wem beim afrikanischen Kulturerbe zuerst das Stichwort Totem einfällt. Ein Totem des Leidens: Martin warf dem Bericht vor, dass er die Kunst aus Afrika auf die primitivste Vorstellung von ihr reduziert. Im Bann kulturwissenschaftlicher Spekulationen über die Handlungsmacht von Bildern erneuerten Savoy und Sarr den kolonialistischen Mythos, den Afrikanern ersetze das Ding die Idee.

Was nicht in den Akten ist

»Afrikas Kampf um seine Kunst«

Am 21. September 2022 wurde Bénédicte Savoy im Wilhelm-von-Humboldt-Saal der Staatsbibliothek Unter den Linden der Deutsche Kulturpolitikpreis 2022 übergeben. Das »Preisobjekt«, wie es die Preisunterlagen nannten, ist ein Kunstwerk des Bildhauers Klaus Geldmacher: der Buchstabe K, aus Glasscheiben zusammengesetzt, zwischen die ein Tablet montiert ist, auf dem in Endlosschleife eine Serie bunter Bilder aufblinkt, darunter ein Foto der Preisträgerin in Gesellschaft afrikanischer Skulpturen. Geldmacher, geboren 1940 in Frankfurt am Main, nahm 1968 an der vierten »Documenta« teil. Monographien über seine Arbeiten erschienen unter den Titeln »Lampenfieber – Tonstörung« und »Leuchtmontagen. Ein erotischer Konsens«. Er war AStA-Vorsitzender an der Hamburger Kunsthochschule, Geschäftsführer der Internationalen Gesellschaft der Bildenden Künste und des Deutschen Künstlerbundes, Vorsitzender der bildenden Künstler in der Industriegewerkschaft Medien, Sprecher der Hamburger Kulturbehörde und kulturpolitischer Gutachter des SPD-Parteivorstands. Den Deutschen Kulturpolitikpreis hat der Deutsche Kulturrat gestiftet, der Dachverband der Lobbyverbände der staatlich subventionierten Kulturberufe. Die Verleihung des Jahres 2022 war erst die zweite; Savoys Vorgänger war Josef Schuster, der Vorsitzende des Zentralrats der Juden in Deutschland. Schuster erhielt wohl keinen Leuchtbuchstaben. Geldmacher soll von Savoys Arbeit so begeistert gewesen sein, dass er zu ihren Ehren ohne Honorar tätig wurde. Bis 2021 hieß die Auszeichnung, mit der im Laufe der Jahrzehnte Persönlichkeiten wie Daniel Barenboim, Juli Zeh und Norbert Lammert bedacht wurden, Kulturgroschen. Vielleicht zeigte der Name etwas zu deutlich an, dass bei den Feierstunden die Freunde und Nutznießer der aus Steuern alimentierten Hochkultur schmunzelnd unter sich blieben.

Savoy war als Preisträgerin ausgewählt worden, weil der Kulturrat ihr »außerordentliches wissenschaftliches wie kulturpolitisches Engagement mit Blick auf den Kunstraub und die Restitution von Kulturgut« würdigen wollte. »Besondere Verdienste hat sie sich mit ihrem nachdrücklichen Einsatz für die Rückgabe von Sammlungsgut aus kolonialen Kontexten im In- und Ausland erworben.« Ein Preis wird verliehen, das heißt: zugesprochen und angenommen. Beide Seiten des Vorgangs enthalten eine Aussage. Im Deutschen Kulturrat werfen der Deutsche Musikrat, der Rat für Baukultur und Denkmalkultur, die Deutsche Literaturkonferenz und der Deutsche Medienrat das Gewicht ihrer Gegenstände gemeinsam in die Waagschale des Wahren, Schönen, Guten und Förderungswürdigen; über den Deutschen Kunstrat ist auch die deutsche Sektion von ICOM beteiligt, dem Internationalen Museumsrat. Mit der Entscheidung für Savoy stellte die Jury im Namen dieser Räterepublik des Geistes die Hochrangigkeit des Projekts der postkolonialen Umverteilungsgerechtigkeit unter den Agendaposten professioneller Kulturpolitik fest. Savoy ihrerseits ließ sich für ein Engagement loben, das in der Anfangszeit ihrer öffentlichen Prominenz gemäß ihren damaligen Angaben gar nicht ihre Sache gewesen war. Sie hatte ja angeblich keine kulturpolitischen Empfehlungen aussprechen wollen, sondern lediglich auf Nachfrage von Kulturpolitikern fachliches Wissen bereitgestellt.

Das Substantiv »Einsatz« ist Zeugnissprache. Im kulturbürgerlichen Milieu der alten Bundesrepublik wurde das Wort lange gemieden, weil der Einsatz einen Eintrag im »Wörterbuch des Unmenschen« von Sternberger, Storz und Süßkind hat. Gerhard Storz weist dort mit Ironie darauf hin, dass bei Schiller im Lied der Soldaten aus »Wallensteins Lager«, die ihr Leben einzusetzen geloben, »von irgendwelcher Anstrengung und von irgendwie löblichem Streben« noch keine Spur zu finden ist. Schon in der Vorkriegshälfte der Hitlerzeit, als auch Volkstanzgruppen »zum Einsatz« kamen, erfüllte sich das Wort dann »mit dem düsteren Pathos von Wehrwürdigkeit«, und von 1939 an bezeichnete das

Adjektiv »einsatzbereit« schließlich weniger häufig den »funktionsgerechten Zustand von Zündkerzen und anderen Maschinenteilen« als die menschlichen Teile der Kriegsmaschine.

Ein Hauch von Siegesfeierlichkeit umwehte die Festgesellschaft im Humboldt-Saal. Vier Tage vor der Preisverleihung waren die Säle der Dauerausstellung des Ethnologischen Museums im Humboldt-Forum für das Publikum geöffnet worden. Der Laudator Christoph Markschies, Präsident der Berlin-Brandenburgischen Akademie der Wissenschaften und ehemaliger Präsident der Humboldt-Universität, wies in seiner launigen Art darauf hin, dass man in der Staatsbibliothek Gast der Stiftung Preußischer Kulturbesitz war, die Savoy durch ihren Austritt aus dem Beirat des Humboldt-Forums herausgefordert hatte. Die Aufklärung über den Kolonialismus, gegen die sich die Stiftungsgewaltigen laut Savoys Anklage mit aller institutionellen Macht gesperrt hatten, bildete jetzt, nachdem das Humboldt-Forum schließlich doch noch eröffnet worden war, die Mission des neuen Super- oder Meta-Museums – als wäre die Ruine von Tschernobyl zu einem Informationszentrum über die Gefahren der Atomkraft umgebaut worden. In der ersten Reihe vor dem Rednerpult mit dem SPK-Wappen saß die ehemalige Kulturstaatsministerin, die in diese Umwidmung ihr Amtscharisma investiert hatte wie Friedrich Wilhelm IV. sein sehr persönliches Gottesgnadentum in die ökumenische Programmatik der von ihm eigenhändig formulierten Inschrift unter dem Kreuz auf der Schlosskuppel. Von der Preisträgerin wurde die als Reformerin der Stiftungsverfassung gescheiterte Umbauherrin des Traumschlosses der Bundeskulturpolitik als »liebe, sehr liebe Monika Grütters« begrüßt, in einem Atemzug des Dankes mit dem »lieben Team der Technischen Universität«.

Savoy kostete ihren Triumph über die Stiftung aus, indem sie noch einmal die unglückliche Pressemitteilung zitierte, mit der diese am 25. August 2017 zu einer Podiumsdiskussion über die Frage »Gehört Provenienzforschung zur DNA des Humboldt-Forums?« eingeladen hatte. Einen Monat lag Savoys Interview in der »Süddeutschen Zeitung« damals zurück. Der Sommer war noch nicht vorbei, was Grund genug hätte sein müssen, den ersten Satz der Einladung anders zu formulieren. »Es war das Sommerlochthema des Jahres 2017: Der deutsche Kolonialismus, ethnologische Sammlungen und das Humbold-Forum.« Savoy hatte diese Fehlleistung der Kommunikationsabteilung in den Jahren danach bei etlichen Gelegenheiten angeführt, um ihr Publikum spottend dazu anzustacheln, die voreilige Erklärung des Themas für erledigt wieder und wieder zu widerlegen. Wie Richard III. bei Shakespeare die Bühne betritt, um das Ende des Winters seines Missvergnügens zu verkünden, so proklamierte Savoy im Festsaal der Bibliothek mit tagediebischem Vergnügen den durch die Verzögerungstaktik der Stiftung am Ende nur beschleunigten Wechsel der geschichtspolitschen Jahreszeit. »Es war ein sehr langer Sommer, aber ich glaube, dass dieser Sommer jetzt zu Ende ist.« Man komme nun »in einen Herbst, vielleicht mit all den Schönheiten des Herbstes«, aber mit Sicherheit »in eine neue Zeit«, die mit »der Eröffnung des Humboldt-Forums« angebrochen sei.

Sie selbst hatte der Einweihung der ethnologischen Säle nicht persönlich beigewohnt, sondern das Geschehen in den Fernsehnachrichten verfolgt. Und nach den Nachrichten hatte sie im Fernsehen etwas gesehen, über das sie der Festgemeinde am Schluss ihrer Dankesrede berichtete. Die Stimmung behaglicher Genugtuung, in der die versammelten Kulturhonoratioren eine Stunde lang geschwelgt hatten, war ihr nicht genug. Ganz am Ende bat sie um Entschuldigung dafür, dass ihr letztes Wort vor dem Rausschmeißer des Spezialensembles für peruanische Barockmusik an diesem Abend »nicht der große Freudeausruf« hatte sein können. Das ARD-Politmagazin »Monitor« hatte über neue Erkenntnisse im Fall des schrecklichen Todes eines sechzehnjährigen Flüchtlings aus dem Senegal berichtet, der bei einem Polizeieinsatz im Hof einer Dortmunder Jugendeinrichtung von vier Kugeln aus einer Polizeiwaffe getroffen worden war. Die Polizei war gerufen worden, weil der Junge im Begriff stand, sich selbst mit einem Messer Gewalt anzutun. Nach den Aussagen der Polizeibeamten hatte er das Messer gegen seine Helfer gerichtet, so dass eine Notwehrsituation gegeben gewesen sei. Diese Darstellung der Polizei hatte auch der nordrhein-westfälische Innenminister verbreitet. Den Anlass für den Beitrag bei »Monitor« bot die Staatsanwaltschaft, die unter Verweis auf eine veränderte Beweislage Ermittlungen gegen den Todesschützen und weitere an dem Einsatz beteiligte Polizisten aufnahm.

Savoys Zusammenfassung des Magazinsegments ging aus von der Feststellung, dass der Jugendliche von der Polizei »ermordet« worden sei. Sie hatte einen »Bericht über die Tatsache« gesehen, »dass alles, was am Anfang, nach diesem Mord, erzählt wurde, von der Polizei, nicht stimmte«. Savoys Überzeugung, dass der Bericht von »Monitor« etwas mit dem Thema der Festveranstaltung und mit der Begründung für ihre Ehrung zu tun habe, hat einen inhaltlichen und einen methodischen Aspekt. Was in Dortmund passiert war, sagte sie, »das darf wirklich nicht passieren«, und mit ihrer Arbeit will sie etwas dafür tun, dass es nicht wieder passiert. Sie bestimmte deshalb Ziel und Zielgruppe dessen, »was wir ›kulturpolitisch‹ machen«, denkbar weit, im Sinne eines doppelten, sachlichen und sozialen Universalismus. Gemäß einem Brauch, der aus dem geisteswissenschaftlichen Tagungswesen auf die öffentliche Rede übergegriffen hat, bezeichnete sie die Anführungszeichen um das Wort »kulturpolitisch« optisch, mit gekrümmten Fingern beider

Hände. Kulturpolitik will nicht bloß Fach- oder gar Klientelpolitik sein, schreibt sich einen Kulturauftrag im erweiterten und höheren Sinne zu, eine zivilisatorische Sendung im eigenen Land. Nach Savoys Worten hat »diese ganze Aufarbeitung« der Herkunftsgeschichte von Museumsbesitz den Sinn, den Kolonialismus mit dem Rassismus »in Verbindung zu bringen«. Das Gespräch darüber soll, so hofft sie, nicht »in unserem Rahmen« bleiben, im Rahmen der beruflich mit Kultur befassten Beamten und Quasi-Beamten, sondern Gespräche anderswo nach sich ziehen und dadurch »eine Auswirkung möglicherweise auch auf Polizeikräfte« haben.

Die Erforschung von Kunstraub und von nachträglich als Kunstraub deklarierten Museumsankäufen dient demnach der Prävention weit jenseits des Museumsbetriebs, ist Amtshilfe und Nachhilfe für die ausführenden Organe des staatlichen Gewaltmonopols. »Unsere Kulturpolitik muss so weit gefasst sein, dass eben auch die Polizei erfährt, dass wir eine Menschheit sind, egal welche Hautfarbe wir haben.« Dieser Begriff der Einheit der Menschheit, der sich bis zur Polizei herumsprechen soll, ist nicht nur eine moralische, sondern auch eine kognitive Größe: Rassismus soll ein für allemal dümmer sein, als die Polizei sich erlauben darf. Nicht nur in den Zielen, sondern auch in den Mitteln der Aufklärungsspezialisten vom Westdeutschen Rundfunk erkannte Savoy ihre eigene Arbeit wieder. Die »Sendung ›Monitor‹ ist berühmt dafür, dass sie investigativen Journalismus macht, das heißt, das sind Leute, die machen das ein bisschen wie wir an der TU«, nur eben »als Journalisten«. Wie gehen diese Journalisten vor, wenn sie einen Fall wie den gewaltsamen Tod des Sechzehnjährigen untersuchen? »Sie nehmen die Erzählung, die es gibt, und dann gucken sie sich die Fakten an: forensisch.« Sie stellen Fragen wie: »Wie war der Raum?« Oder: »Was weiß man noch?« Umgekehrt geht also Savoys universitäres Team ein bisschen so vor wie die »Monitor«-Reporter. Inwiefern?

Der Laudator Markschies war geradezu geplatzt vor Verschmitztheit, als er dem Festpublikum den ironischen Zusammenhang zwischen dem Ort der Ehrung und dem letzten Eintrag in der Liste der Gründe für die Ehrung vor Augen führte, dem »jüngsten großen Buch« der Geehrten. Im März 2021 war »Afrikas Kampf um seine Kunst. Geschichte einer postkolonialen Niederlage« bei C. H. Beck erschienen, dem wichtigsten deutschen Verlag für Autoren aus den historischen Wissenschaften, die ein Publikum jenseits ihrer Fachwelt ansprechen möchten. Groß war jedenfalls die Resonanz, die das Buch in der Presse und im Rundfunk wie auch in Hör- und Vortragssälen hervorrief. In der Zusammenfassung von Markschies schildert es »am Beispiel der Stiftung Preußischer Kulturbesitz« die »hinhaltende und abwiegelnde Politik« Berliner (und westdeutscher) Institutionen gegenüber afrikanischen Rückgabewünschen »in den zwanzig Jahren zwischen 1965 und 1985«. Sie sei hingehalten worden, als sie im Beirat des Humboldt-Forums ein Vorantreiben der Provenienzforschung verlangt habe, hatte Savoy im SZ-Interview beklagt. Die Reaktion der Stiftung auf ihre Kritik wurde in der Öffentlichkeit als Abwiegeln wahrgenommen, obwohl die herablassende Bewertung des Interviews als Füllmaterial fürs Sommerloch zum Ausdruck bringen wollte, dass man das Thema längst pflichtgemäß im Blick habe. Man konnte das Ungeschickte der Selbstdarstellung der Stiftung als Symptom der Überforderung sehen: In einem institutionellen Rahmen, der erst geschaffen werden musste, waren die Stiftungsverantwortlichen mit der Planung der Verlagerung der ethnologischen Sammlungen von Dahlem auf die Museumsinsel und gleichzeitig mit der Neuerfindung der Idee des Weltmuseums befasst. Mit dem Tschernobyl-Vergleich hatte Savoy selbst den Ereignistyp der Panne beschworen, den eine Handlungslogik der verschärften Kurzfristigkeit begünstigt. Mit dem Buch vollzog sie einen Perspektivwechsel, um die Nachsicht abzuschneiden, die eine aus der Nahsicht geschriebene Verwaltungsgeschichte nahelegt, wenn sie den Anstieg des Geschäftsanfalls mit Sinn für das Dramatische des Kontingenten ausmalt.

In der Perspektive des Buches stellen sich die hausgemachten Hindernisse, die einer aktiven Restitutionspolitik der SPK entgegenstehen, mit einem Begriff der französischen Mentalitätsgeschichte als

Strukturen langer Dauer dar. Die Hinhaltetaktik hat gar nichts Taktisches an sich, wenn man unter Taktischem das Improvisierte versteht. Es war ein Kunststück, dass es der Autorin von »Afrikas Kampf um seine Kunst« gelang, den Umstand zu skandalisieren, dass eine Bürokratie einen vor Jahrzehnten zu den Akten gelegten Vorgang seinerzeit im bürokratischen Modus bearbeitet hatte. Bittsteller waren vertröstet und abgewimmelt worden. Das ist auf Behörden und auch in der Diplomatie normal. Savoy hatte ihr Publikum mit Erfolg sensibilisiert: Es war bereit, an dieser Normalität Anstoß zu nehmen. Die Erforschung der auf Erhaltung des Museumsbesitzes ausgerichteten Routine aus den Akten der Museen und Ministerien ging deshalb selbst jeder Anmutung von Routine verlustig. Zur Detektivarbeit wurde die Durchsicht der Archivalien stilisiert; das zugehörige Rezensionsklischee ist die Werbebotschaft, dass Savoy einen »Krimi« geschrieben habe. Gewöhnlich zieht Behördengeschichte Forscher an, die vom Temperament her auch selbst in der Behörde arbeiten könnten. Savoys Vergleich ihrer Universitätsmitarbeiter mit Investigativjournalisten nahm für die Forscher einen Außenseiterstatus in Anspruch. In diesem Sinne stellte es Savoy in ihrer Dankesrede als Standortvorteil hin, dass die Geisteswissenschaften an der TU nicht so prominent sind wie an den anderen beiden Berliner Universitäten: Ihre Gruppe sei »versteckt und geschützt«, könne »ein bisschen experimentieren«.

Für den neun Minuten und 55 Sekunden langen Bericht von »Monitor« aus Dortmund zeichnete Lara Straatmann verantwortlich. Sie stellte Herbert Reul, dem christdemokratischen Innenminister, die Frage, ob er den Aussagegehalt der polizeilichen Zeugenberichte in eigener Sache »zu früh als gegeben hingenommen« habe. Einspielungen zeigen, dass der Minister seine Sachverhaltsschilderung zehn Tage nach dem fatalen Einsatz einerseits ausdrücklich unter den Vorbehalt seiner damaligen »Informationslage« gestellt hatte. Andererseits hatte er im Indikativ gesprochen, also den Sprachmodus der Tatsächlichkeit verwendet, sozusagen als amtlicher Chronist des polizeilichen Handelns. Diese Version des Geschehens nannte Savoy »die Erzählung«, die von »Monitor« überprüft worden sei, durch Gegenüberstellung mit den Fakten. Auch in ihrem Buch spielen Minister eine Rolle, die Auskünfte nachgeordneter Beamter verbreiten und sich auf deren Richtigkeit verlassen wollen. Alles in den großen deutschen Museen aufgelaufene Kulturgut aus ehemaligen europäischen Kolonien sei legal erworben oder jedenfalls in gutem Glauben an die Legalität des Erwerbs ausgestellt und gelagert worden: Das ist die Erzählung, die das Buch widerlegen will. Savoy und ihre Mitarbeiter haben sich die Fakten angeguckt – beziehungsweise die Akten angeguckt, in denen aber die für die Erzählung vom rechtmäßigen Tun und Nichtstun der Museumsverwaltungen katastrophalen Fakten stehen sollen.

Lara Straatmann und ihre Kollegen von »Monitor« behaupteten Mitte September 2022 nicht, herausgefunden zu haben, was sechs Wochen vorher in Dortmund während weniger Minuten vor der Tür der Zufluchtsstätte für hilfsbedürftige Jugendliche tatsächlich geschehen war. Den Angaben der beteiligten Polizisten, die ihr Dienstherr sehr bald nach dem Geschehen bekanntgemacht und auch öffentlich bewertet hatte, stellte der Beitrag die späteren Angaben der Staatsanwaltschaft gegenüber, deren Pflicht es war, die Angaben der Polizisten zu prüfen, auch im Lichte objektiver Beweismittel, wie einer inzwischen aufgetauchten Tonaufzeichnung. Die Staatsanwaltschaft, so fasste »Monitor« den Diskussionsstand auf der Seite der staatlichen Ermittler zusammen, »widerspricht der ersten Version von Polizei und Innenministerium vehement«. In ihrer journalistischen Einschätzung dieses Einspruchs der einen Behörde gegen eine andere und gegen das letzterer übergeordnete Ministerium führte die Redaktion Reul, indem sie seine späteren Einlassungen zitierte, sozusagen als Kronzeugen gegen sich selbst an. »Die von ihm verbreitete Version der Polizei – offenbar widerlegt.« Weder die Staatsanwaltschaft noch »Monitor« setzte aber zu diesem Zeitpunkt eine zweite, eigene Version an die Stelle der widerlegten. Eine solche stand entweder noch aus, oder sie wurde aus ermittlungstaktischen Gründen zurückgehalten. Erst recht war ausgeschlossen, dass nach dem Abschluss der Ermittlungen, ob man nun die für die Staatsanwaltschaft verbindlichen gesetzlichen Vorschriften zugrunde legte oder die Regeln des journalistischen Handwerks, nur noch die Tatsachen sprechen würden, ohne den Rahmen einer Erzählung. Die vorläufige Erzählung musste ersetzt werden durch eine bessere, im Zweifel vor Gericht tragfähige, in sich schlüssige Erzählung, in der die ermittelten Tatsachen zusammenpassten.

Savoy unterstellte den »Monitor«-Journalisten eine Gewissheit, die sie seriöserweise gerade nicht für sich in Anspruch nahmen, als hätten sie bereits ein Wissen über die Umstände und Gründe des Todes des jungen Geflüchteten an den Tag gebracht, wie es erst am Ende gerichtlicher Aufklärung eines solchen Falles stehen kann. Dieses scheinbare Wissen bezog sich sowohl auf die tatsächliche Seite des Geschehens als auch auf dessen juristische Bewertung. Savoy nannte die Tötung von Mouhamed Lamine Dramé eine Ermordung und bezifferte die Zahl der Täter. Leichtfertig erhebt man den Mordvorwurf nicht. Auch Savoy war er nicht herausgerutscht, denn sie wiederholte ihn, so dass in ihrem Bericht die Investigation der Tat mit deren Klassifikation begann. Nichts von dem hatte angeblich gestimmt, was die Polizisten »nach diesem Mord« gesagt hatten.

Der Mord steht im Strafgesetzbuch an der Spitze der im 16. Abschnitt aufgezählten Straftaten gegen das Leben. Er sieht damit wie der Regelfall der strafwürdigen Tötung aus und wird, weil der Mörder mit dem Leben eines anderen Menschen das schlechthin höchste Rechtsgut zerstört, mit der höchsten Strafe belegt, die im Rechtsstaat möglich ist, dem Freiheitsverlust für den Rest des Lebens. Damit eine Tötung als Mord bestraft werden kann, muss aber zum tödlichen Erfolg der Handlung erstens noch mehreres hinzutreten. Der Täter muss mit Vorsatz gehandelt haben, also mit Tötungsabsicht, und die Ausführung der Tat oder die Einstellung des Täters muss außerdem eines der im zweiten Absatz von § 211 StGB aufgezählten Merkmale wie Grausamkeit oder Heimtücke erfüllen. Die vorsätzliche Tötung ohne eines dieser Mordmerkmale heißt Totschlag. Zweitens muss ausgeschlossen sein, dass für die Tötung ein rechtfertigender Grund existierte, wie ihn der Dortmunder Schütze geltend machte, als er behauptete, in Notwehr gehandelt zu haben.

Als Savoy im festlichen Rahmen der Preisverleihung Mouhamed Lamine Dramé als Mordopfer ansprach, da bestimmte sie wohl der Wille, ihre Missbilligung dessen, was in Dortmund passiert war, so deutlich wie möglich zu artikulieren. Kein Unschuldiger verdient zu sterben, und erst recht ungerecht erscheint, obgleich eine Abstufung eigentlich sinnlos ist, der unangekündigte Tod. Lebenszeit ist ungleich verteilt, doch grausam wirkt, dass vor dem jungen Todesopfer noch fast sein ganzes Leben lag. Und das Willkürliche eines solchen Schicksals schien hier gesteigert durch die Flüchtlingsbiographie, den Umstand, dass sich der Tote, wie immer es um seinen Rechtsstatus bestellt gewesen sein mag, durch die Ankunft in Deutschland in Sicherheit gebracht hatte. So brachte Savoy das demoralisierend Sinnlose dieses Todes auf den Punkt: Wenn »ein Sechzehnjähriger es geschafft hat, von Senegal nach Dortmund zu kommen, über das Mittelmeer«, darf es doch nicht wahr sein oder wenigstens nicht folgenlos bleiben, »dass sein Leben in diesem Hof dort so geendet hat, wie es geendet hat«. Aber aus dem Entsetzen über das Geschehene folgt nicht, dass die Verursacher des Unheils entsetzliche Menschen sind, wie sie der Begriff des Mörders bezeichnet. Die Staatsanwaltschaft nahm gegen den Polizisten, der von seiner Schusswaffe Gebrauch gemacht hatte, Ermittlungen wegen des Verdachts auf Totschlag auf. Dass ein Mordmerkmal gegeben sein könnte, etwa ein niedriger Beweggrund nach dem Muster der Habgier, schien den Ermittlern nicht nahezuliegen; eine Dienstwaffe ist auch nicht automatisch ein gemeingefährliches Mittel im Sinne des Gesetzes.

Savoy ist keine Juristin, und ihre Anwendung des Mordbegriffs auf die Todesumstände Mouhamed Lamine Dramés sollte kein strafrechtliches Gutachten entbehrlich machen. Aber der Gestus der bestimmten und vollständigen Gewissheit, in dem sie sich über »diese Schießerei« in Dortmund äußerte, schloss die Überzeugung ein, über die Innenseite des Handelns der Polizisten Bescheid zu wissen. Sie behauptete, der Sechzehnjährige habe sterben müssen, »nur weil er schwarz« war. Zwar schickte sie der Behauptung eine Einschränkung des Geltungsanspruchs voraus: »wie ich vermute«, aber sie nahm diese Einschränkung sogleich wieder zurück: »oder wie ich sicher bin«. Eine solche Sicherheit bekundeten in der »Monitor«-Sendung weder die federführende Rechercheurin Lara Straatmann noch der Moderator Georg Restle, der sich einen Ruf als Mann der scharfen politischen Bewertungen erarbeitet hat. Überhaupt enthielt man sich der Spekulationen über die Motivlage bei den Polizisten, die mutmaßlich überreagiert hatten auf Bewegungen des mit einem Messer herumfuchtelnden Jugendlichen, dessen Verhalten ihnen als gefährlich beschrieben worden war.

Dass Schwarze in Deutschland unsicherer leben als Alteingesessene, dass sie Misstrauen auf sich ziehen, das der globalen Migration im Allgemeinen gilt – das hätte Savoy als den sozialen Hintergrund und die praktische Kehrseite akademischer Debatten über die Migration der Form und das Festhalten an altem Kolonialbesitz zur Sprache bringen können, auch unter Verweis auf den furchtbaren Todesfall von Dortmund, ohne sich als Laienrichterin auf einen Schuldspruch zu fixieren.

Als »groß in vielfacher Hinsicht« rühmte der Laudator Markschies bei der Übergabe des leuchtenden Deutschen Kulturpolitikpreises »Afrikas Kampf um seine Kunst«. Die geistige Größe dessen, was er gelesen hatte, materialisierte sich in seiner Erinnerung auch in den Dimensionen von Savoys Buch als physischem Objekt, vergrößerte dessen Volumen in einem Spezialeffekt kreativer Visualisierung des kulturellen Gedächtnisses: Markschies versicherte seinem Publikum, dass man es bei Savoys *opus multipliciter magnum* mit einem »auch dicken Buch« zu tun habe. Dabei ist der Rücken von »Afrikas Kampf um seine Kunst« wesentlich schmaler als das Prachtexemplar muskulöser Christentumsgeschichte, das Markschies selbst im gleichen Verlag unter dem Titel »Gottes Körper« herausbrachte. Savoys Buch umfasst 256 Druckseiten plus 18 unpaginierte Seiten mit farbigen Abbildungen – dass Markschies es als dick klassifizierte, mochte bei einem Gelehrten überraschen, der Spezialist für die an Quellen und kontroversem Stoff überreiche antike Kirchengeschichte ist. Als Theologe ist Markschies aber auch ein Kenner des Unsichtbaren oder mit bloßem Auge nicht Sichtbaren, ein Berufsleser und ordinierter Ausleger, dessen Größenmaßstäbe sich nicht alle auf das Pariser Urmeter reduzieren lassen. An den Publikationen der Preisträgerin lobte Markschies eine umfassende Wahrhaftigkeit. »Mich hat an der Art, wie Bénédicte Savoy das Thema Kunstraub und Raubkunst behandelt, immer beeindruckt, dass sie nichts und niemanden ausnimmt, nichts und niemanden entschuldigt, sondern nüchtern, kühl, ganz kühl untersucht, was geschehen ist, anhand von Quellen, von Texten, und durch Hinsehen.«

Man kann hier studieren, wie das öffentliche, kanonisierte Bild von Savoy als vorbildlich wirksamer Forscherin ihr Selbstbild übernimmt, um es ausdeutend anzureichern. Professionelle Einstellungen, die in der Selbstdarstellung der Wissenschaftlerin nur im Rahmen eines Habitus der Bescheidenheit markiert werden können, werden in den Lobreden, wie sie auf Savoy auch dann gehalten werden, wenn sie einmal keinen Preis entgegennimmt, zu heroischen Tugenden stilisiert. Savoy hat sich immer als Quellenforscherin verstanden und mit der Auskunft, an der Ermittlung von Tatsachen interessiert zu sein, lange die Rückfrage nach politischen Absichten oder Implikationen ihrer Forschung abwehren können. Sie untersucht, was geschehen ist: Das wurde ihr von Markschies als preiswürdige Leistung gutgeschrieben, obwohl Studienanfänger der Geisteswissenschaften seit Jahrzehnten dadurch in die Ideologiekritik eingeführt werden, dass sie den Anspruch des übergroßen Berliner Historikers Leopold von Ranke auseinanderzunehmen lernen, er habe bloß zeigen wollen, wie es eigentlich gewesen sei. Der Positivismus liefert immer noch den Sockel für das Denkmal der Wissenschaftlerin, wie in der Zeit, da man auch Wissenschaftlern Denkmäler aus Marmor oder Bronze errichtete. Wissenschaftler werden wohl auch dann noch als Entdecker bejubelt werden dürfen, wenn das letzte Kolumbus-Standbild abgeräumt ist. Savoy, verkündete Markschies, »das ist jemand, der in den Archiven sucht und eindrückliche Funde macht«, jemand, der zeigt, »wie gründliche Arbeit aus diesen Quellen ganz neue Beobachtungen« ermöglicht.

Als Präsident der Berlin-Brandenburgischen Akademie der Wissenschaften ist Markschies so etwas wie ein Papst der Quellenforschung. Dem Oberaufseher über das gesamte Editorenpersonal der Langzeitprojekte der Akademie dürfte es möglich gewesen sein, bei der Lektüre von »Afrikas Kampf um seine Kunst« die Quellenfunddichte durch Vergleich einzuschätzen. In der positivistischen Bilderbuchwelt kann man die korrekte Arbeitshaltung des Forschers mit dem Thermometer messen: Kühl geht Savoy angeblich an ihre Quellen heran. Als Synonym für »kühl« verwendete Markschies »nüchtern«. Hier blitzt ein paradoxes Moment des positivistischen Wissenschaftsideals auf. Die Leidenschaft des Forschers für seinen Beruf wird mit körperlichen und seelischen Zuständen in Verbindung gebracht, die man im Alltag mit Leidenschaftslosigkeit assoziiert. Hitzig möchte man beim Quellenstudium nicht erscheinen. Allerdings kann, wenn tatsächlich über wissenschaftliche Arbeitsmoral mit dem Vokabular einer psychischen Energiebilanz gesprochen werden soll, auch das Herunterkühlen einen erheblichen Treibstoffverbrauch verlangen. Nüchternheit ist in solchen Fällen ein Aggregatzustand von Berauschtheit. Forscher müssen hinsehen, wenn sie Quellen in Augenschein nehmen. Erst recht gilt das, wenn die Quellen im Archiv liegen und noch nicht gedruckt sind; was man übersieht, wird vielleicht der nächste Archivbesucher – oder aber niemand je entdecken. Mit anderen Worten: Hinsehen ist normal – und kann rühmenswert nur dort sein, wo Wegsehen die Norm ist.

Dass das in den Museumsarchiven so sei oder viel zu lang so gewesen sei, ist eine der suggestiven Botschaften von »Afrikas Kampf um seine Kunst«. Savoys Bemühen, als Wissenschaftlerin wahrheitsfähige Aussagen zustande zu bringen, in Übereinstimmung mit professionellen Standards von Sorgfalt und Schlüssigkeit, wächst in der bewundernden kollegialen Sicht von Markschies über sich hinaus und in eine ethische Sphäre hinein. Ihn hat beeindruckt, mit diesem Bekenntnis setzte das von Markschies gespendete Lob ein, wie sie die Adressaten ihrer Forschungsergebnisse behandelt, Adressaten in doppeltem Sinne: Institutionen, deren vergangenes Handeln sie untersucht hat und die sich deshalb mit Fragen nach ihrem künftigen Handeln konfrontiert sehen. Savoy habe »nichts und niemanden« ausgenommen: Diese Formulierung variierte Markschies mehrfach. Er hätte auch sagen können, sie habe niemanden verschont. Angeblich lässt sie Gerechtigkeit walten, indem sie »nichts und niemanden entschuldigt«. Ohne weiteres setzte diese Variante der Formel einer durch Ausnahmslosigkeit verbürgten Fairness voraus, dass es beim Thema Kunstraub und Raubkunst um die Verteilung und Zuteilung von Schuld geht, dass die kunstgerecht getroffenen kunstgeschichtlichen Feststellungen Schuldsprüche implizieren und nicht etwa erst noch gemäß juristischer Systemlogik in Urteile im wörtlichen oder übertragenen Sinne übersetzt werden müssen.

Der Aufruf zur Umkehr als Hauptinhalt der christlichen Botschaft ist aus Predigten von Kanzeln weitgehend verschwunden, obwohl Markschies, als er seinen Aufstieg in den Gremien von Wissenschaftsbetrieb und Evangelischer Kirche in Deutschland begann, als Hoffnungsträger der Glaubenstreuen galt. Als kulturelles Muster, als Wunschbild eines individuell motivierten und ganzheitlich durchschlagenden Kulturwandels hat sich die Vorstellung von der Weltveränderung aus dem Schuldbewusstsein erhalten. Markschies beschrieb nach diesem Schema die Folgerungen aus den Forschungen von Savoy, die sie den Museen nahelegte und mit ihrer Position beglaubigte, mit der Stellung der Außenseiterin. Savoys »kritische Distanz« gegenüber allen Institutionen ist gemäß den Lobesworten von Markschies der Grund dafür, dass sie »Museumsverwaltung, Regierungen, Ministerinnen, Öffentlichkeiten raten kann, radikale Konsequenzen aus einer bitteren Geschichte von Kunstraub gegenüber anderen Ländern zu ziehen und sich nicht durchzuschummeln und durchzumogeln«. Im Zuge einer seiner Amtssprachhandlungen als Berliner Domprediger hätte Markschies an dieser Stelle wahrscheinlich aus dem Johannes-

Evangelium zitiert: Die Wahrheit wird euch frei machen. Das hätte in der Staatsbibliothek etwas zu schriftgläubig geklungen, aber in der durch Wissenschaft ausgelösten moralischen Revolution, die Markschies ausmalte, sollte die Wahrhaftigkeit der preisgekrönten Provenienzforscherin übergehen auf die von ihr Belehrten und Bekehrten. Die Vokabeln »schummeln« und »mogeln« hören sich vielleicht aber etwas zu sehr nach der kleinen moralischen Welt der Schule an, mit ihrem Personal von Lausbuben und Strebern.

Savoys erstes Afrika-Buch, der von ihr gemeinsam mit Felwine Sarr verfasste Report, hatte den Erläuterungen der Autoren zufolge gar nichts mit der Wahrheit zu tun gehabt. Der Bericht war kein Beitrag zur Wissenschaft, soweit diese Aussagen über Sachverhalte in der Welt mit dem Generalschlüssel der Wahr-Falsch-Unterscheidung sortiert und kombiniert. Als Expertengutachten in amtlichem Auftrag und im förmlichen Sinne der französischen Staatstradition stand der gesamte Bericht im Konditionalis praktischer Erkenntnisfindung nach den Vorgaben der Obrigkeit: Für das von Präsident Macron in Ouagadougou proklamierte Ziel der Rückgabe des nach Frankreich verbrachten afrikanischen Kulturerbes schlugen die Berichterstatter maßgeschneiderte Mittel vor. Das zweite Afrika-Buch ist ein Bericht anderer Art, soll ein Tatsachenbericht sein. »Afrikas Kampf um seine Kunst« lüftet den

Vorhang festrednerischer Gemeinplätze und diplomatischer Zweideutigkeiten, der die Sphäre staatlicher kulturpolitischer Dispositionen gegen kritische Fragen der Öffentlichkeit abschirmt. Savoy lässt die Akten aus Deutschland, aber auch Frankreich für sich sprechen, in denen ältere Berichte von der Art desjenigen abgeheftet sind, den sie und Sarr angefertigt haben, aber auch gleichgerichtete Eingaben ohne offizielle Veranlassung und die Denkschriften derjenigen, die den Regierenden Argumente gegen die Rückgabeforderungen vorlegten.

Vom Stoff her handelt es sich um ein Werk der Verwaltungsgeschichte, aber die Entscheidungskulturhistorikerin imitiert eine ältere, vorwissenschaftliche historiographische Gattung, die in Jahresschritten voranschreitende Chronik. Solche Annalistik ist an manchen Orten der verwaltenden Welt Teil und Anfang der internen bürokratischen Überlieferung. Eine Behörde führt Buch über ihre Aktivität, scheinbar nur zur Stützung ihres Gedächtnisses, nicht zur Dokumentation von Programmen, deren Aufstellung und Bewertung eine Sache der politischen Steuerung bleiben soll. Indem Savoy Jahreszahlen über die Kapitel setzt, ahmt sie diese Anmutung der Sachlichkeit nach. Sie meint allerdings sehr wohl ein Programm im Sinne eines Zusammenhangs kontinuierlicher und konsistenter Zielsetzung nachweisen zu können, das negative Programm der Sabotage jeder Restitutionspolitik, die als programmatisch hätte verstanden werden können. Wie der Bericht für den Präsidenten die Haltung der Autoren zur Wünschbarkeit von Restitutionen der Form halber in der Schwebe ließ, so sollen die Aktenauszüge aus den ersten Jahrzehnten des nachkolonialen Zeitalters ein Corpus von Beweisen ergeben, die ihre Kraft unabhängig von den Meinungen der Leser zur Restitutionsfrage entfalten. Afrika, gibt Savoys Verfahren zu verstehen, hätte den Kampf um das Wohlwollen der europäischen Öffentlichkeit schon vor Jahrzehnten gewonnen, wenn bekannt geworden wäre, wie es tatsächlich zuging an den Schreib- und Beratungstischen, auf denen die Bittgesuche landeten. Das Buch hat selbst etwas von einer altmodischen historischen Ausstellung, die ihr Material scheinbar ohne didaktische Zurichtung ausbreitet: Die Kapitel mit den Datumsaufschriften ähneln Vitrinen. Und diese durchsichtige Ordnung kontrastiert unaufdringlich mit der Undurchsichtigkeit, die den Kulturbehörden zum Vorwurf gemacht wird. Die Museen, als Institutionen der Wissenschaft zur Wahrheitsliebe verpflichtet, sollen einen ökonomischen Umgang mit der Wahrheit gepflegt haben. Savoys Buch enthüllt die Wahrheit über die Unwahrheiten der Museumsdirektoren – so wurde es verstanden und in den Rezensionen wiedergegeben.

In der »Süddeutschen Zeitung« lautete die Schlagzeile der Besprechung: »Triumph der gezielten Lügen«. In den Monaten nach der Publikation des Buches nahm Savoy eine dichte Reihe von Terminen wahr, häufig in den Vortragssälen der Museen, deren Direktoren die Rückgabedebatte nun mit demselben Eifer vorantrieben, mit dem ihre Vorgänger dem Buch zufolge Mauern des Schweigens um die Frage der Legitimität der Kulturbesitzverhältnisse errichtet hatten. In ihrem Lieblingsmedium des frei gehaltenen, reich bebilderten Vortrags fasste die Autorin noch einmal die Thesen des Buches und nebenbei auch schon dessen Rezeption zusammen. Wie im Buch die Zitate aus den Akten für sich sprachen, so sprachen nach dem Buch die Rezensionen und Interviews für das Buch. Am 4. Mai 2021 war Savoy zu Gast im MARKK in Hamburg. Dieses Museum wurde 1879 als Museum für Völkerkunde gegründet und trägt seit 2018 einen Namen, der eine Ortsangabe mit einer Neufassung der universellen Zuständigkeit verknüpft: Museum am Rothenbaum – Kulturen und Künste der Welt. Der Namenswechsel war eine Initiative von Barbara Plankensteiner, der seit April 2017 amtierenden Direktorin. Die frühere Chefkuratorin des Weltmuseums Wien (das bis 2013 ebenfalls Museum für Völkerkunde hieß) ist eine Koryphäe der Kunstgeschichte des Königreichs Benin und gehört zu den treibenden Akteuren der Benin Dialogue Group, in der seit 2007 Abgesandte europäischer Museen mit Vertretern nigerianischer Institutionen über die Planung, Finanzierung, Errichtung, Ausstattung und Bestückung eines Museums der Benin-Bronzen in Benin City sprechen.

Vier Wochen nach dem Erscheinen des Buches resümierte Savoy in Hamburg dessen kritische Schicksale in einem Satz: »Das Meiste, was die Presse rezipiert hat, ist, wie die westdeutschen Museumsdirektoren einfach gemauert haben und ganz krass Abwehr geleistet haben.« Sie zeigte eine Ablichtung von Till Brieglebs SZ-Rezension und kommentierte die Überschrift: »Triumph der gezielten Lügen – so stark hätte ich das bestimmt nicht formuliert.« Wir lernen aus dieser Vignette von Savoys Rezeption ihrer Rezeption: Wahrheiten verbreiten sich nicht von selbst; die Wissenschaft gibt die Form der Mitteilung ihrer Ergebnisse nicht vor. Bei einer Forscherpersönlichkeit, die man durch ihre Texte kennenlernt, sind auch Kühle und Nüchternheit, die atmosphärischen Erkennungsmerkmale positivistischer Objektivität, stilistische Entscheidungen. Erfolgreiche Kommunikation hat die Regeln der Rhetorik zu beachten, bewährte Klugheitserwägungen unter dem Leitgedanken der Rücksicht aufs Publikum. So stark wie Briegleb hätte Savoy es nicht formuliert: Damit warf sie dem SZ-Redakteur keine Übertreibung vor. Eher hatte sie im Buch untertrieben. Sie konnte dort schwächer formulieren, weil sie aus einer Position der Stärke schrieb, im Vertrauen darauf, das Zuschneiden und Zuspitzen ihrer Befunde den professionellen Stichwortgebern der öffentlichen Debatte in Presse und Rundfunk überlassen zu können.

In der mitlaufenden Selbstkritik der politischen Öffentlichkeit unserer Zeit hat es das Bild der Echokammer zu großer Beliebtheit gebracht. Der Resonanzraum, in dem sich die Autorin von »Afrikas Kampf um seine Kunst« mit ihren Lesern sowie mit denjenigen traf, die das Buch unbedingt lesen wollten, ist eine raffinierte Variante einer solchen Kammer, deren Konstruktionsweise die reflexiven Elemente der Systeme von Wissenschaft und Medien nutzt, die Einsicht in die Unentbehrlichkeit von Übersetzungsleistungen. Das positive Echo, welches das Buch hervorruft, zeichnet sich durch Überdeutlichkeit aus. Der Nachhall macht die Botschaft also nicht diffuser, sondern ganz im Gegenteil prägnanter. Die Autorin greift die plastischen Paraphrasen auf, wiederholt sie mehr oder weniger amüsiert und gibt sie ans Publikum zurück, Merksätze, für die sie keine Urheberschaft zu beanspruchen braucht, als hätte ein *common sense*, dem sie nur ein paar Ausrisse aus Akten hinwerfen musste, die Quintessenz ihrer Untersuchungen in Worte gefasst. Wie von selbst verstärkte sich die Aussage des Buches, indem sie sich herumsprach.

Was erfuhr der Leser der »Süddeutschen Zeitung«, den die Überschrift »Triumph der gezielten Lügen« angelockt hatte, über den Inhalt des Buches aus dem Text der Rezension? Der Satz, aus dessen Wortvorrat sich die Titelei bediente, lautet: »Eine Gruppe geheim agierender Sammlungsleiter und Politiker tat alles bis zum gezielten Lügen, damit der deutsche Sesam der Raubkunst sich keinen Spalt öffnen musste.« Der vorangehende Satz legt nahe, dass man sich die Schließanlage der deutschen Räuberhöhle als einen im internationalen Vergleich besonders abgefeimten Mechanismus vorstellen muss. »Speziell in Deutschland nahm diese Verweigerungspolitik die Züge einer Verschwörung an.« Savoys Gründe, Formulierungen dieses spezifischen Stärkegrades zu vermeiden, erschöpften sich nicht in der allgemeinen Erwägung, dass Wissenschaftler immer gehalten sind, sich einer vorsichtigen Ausdrucksweise zu befleißigen. Die Vorstellung, dass etwas dadurch geschehen oder nicht geschehen ist, dass mächtige Akteure sich verabredet und diese Verabredung vor der Öffentlichkeit verborgen haben, so dass von einer Verschwörung geredet werden kann, gilt in den historischen Wissenschaften als das Muster einer Erklärung, die sich den Gang der Dinge viel zu einfach vorstellt. Bei der Verbreitung einer Verschwörungstheorie möchte man sich als aufgeklärter Mensch nicht ertappen lassen – in unserer Gegenwart ist aus dieser Erfahrungsregel so etwas wie ein unbedingter Imperativ des demokratischen Selbstschutzes geworden. Indem Verschwörungstheorien suggerieren, dass Supermächtige ohne Legitimation durch Wahlen oder andere geregelte Verfahren alles Wichtige in der Welt unter sich ausmachen, untergraben sie durch ihre bloße Verbreitung von selbst die Demokratie, nämlich die Überzeugung, dass Wahlen und Abstimmungen, der politische Wettbewerb und der politische Kompromiss ihren Sinn und Zweck haben.

Man kann es sich mit der Skepsis gegenüber einfachen Erklärungen allerdings auch zu leicht machen. Entscheidungen werden durch Abreden vorbereitet, Entscheidungsträger haben Geheimnisse, und manchmal erfüllt die Abstimmung unter Eingeweihten den Tatbestand der Verschwörung. Es ist also nicht auszuschließen, dass die Rezension von Briegleb das Buch von Savoy korrekt zusammenfasst und zugleich das Buch von Savoy die Tatsachen trifft, wenn gesagt wird, die Abwehr afrikanischer Restitutionswünsche durch die deutschen Kulturbehörden in den siebziger und achtziger Jahren des 20. Jahrhunderts habe Züge einer Verschwörung gehabt. Was sind die Indizien für diesen Befund? Briegleb gibt ein wichtiges Stichwort: Geheim soll die entscheidende Gruppe von Sammlungsleitern und Politikern agiert haben. Dass die Zuständigen im Schutz des Geheimnisses tätig beziehungsweise untätig gewesen seien, ist tatsächlich eine der wichtigsten Behauptungen beziehungsweise Suggestionen des Buches. Eine Geheimoperation – das hört sich nach dem Gegenteil demokratischer Kulturpolitik an, welche die Öffentlichkeit unterrichtet, befragt und mitnimmt.

Der englische Historiker A. J. P. Taylor fasste in seinem Buch »The Course of German History«, das er im weltgeschichtlichen Epochenjahr 1945 herausbrachte, die Bedeutung der Revolution von 1848 für seinen Gegenstand in einem Satz zusammen: »German history reached its turning-point and failed to turn.« In Savoys Geschichte des Kampfes der Afrikaner um die Heimholung ihres Kunsterbes markiert das Jahr 1978 den Wendepunkt, an dem die Wende ausblieb. Am 8. Juni trug Amadou-Mahtar M'Bow, der erste und bis heute einzige aus Afrika gebürtige Generaldirektor der Unesco, in Paris einen »Appell zur Rückgabe des unersetzlichen Kulturerbes an die, die es geschaffen haben«, vor. Im März hatte die Kulturorganisation der Vereinten Nationen in Dakar, der Hauptstadt des Senegal und Heimatstadt M'Bows, ein Expertentreffen zum Thema Restitution veranstaltet. Es war nicht das erste seiner Art und diente der Vorbereitung der Generalkonferenz der Unesco, die vom 24. Oktober 1978 an für fünf Wochen in Paris tagte. Der Generalsekretär verlas seinen »Appell« vor laufenden Fernsehkameras. Wie Savoy berichtet, verbreitete die Unesco die feierliche Rede, deren Vortrag zehn Minuten in Anspruch nahm, sowohl als Film- und Tonaufzeichnung wie als Text im französischen Original und in Übersetzungen in achtzehn Sprachen. Nachrichtensendungen und Weltpresse berichteten.

In der Bundesrepublik Deutschland konstituierte sich zur Vorbereitung der Pariser Generalkonferenz auf Initiative des Präsidenten der Deutschen Unesco-Kommission, des Berliner Kunsthistorikers

Otto von Simson, eine »Arbeitsgruppe ›Rückgabe von Kulturgut‹«. Vertreter von Museen, Verbänden und Behörden kamen am 31. August 1978 in der Bundeshauptstadt Bonn zusammen. Zwei Wochen später wurde den Mitgliedern der Arbeitsgruppe der Entwurf eines Papiers zugestellt, das als Summe der Bonner Gespräche gemeinsame Positionen zum Arbeitsgegenstand festhalten sollte. Nach Eingang von Rückmeldungen wurde es überarbeitet und am 6. Oktober 1978 an die Gruppenmitglieder sowie an die bundesdeutschen Delegierten der Generalkonferenz verschickt, nunmehr mit der Überschrift »Rückgabe von Kulturgut (Rev.)« versehen. »Das sensationelle Geheimpapier« – so nennt Savoy das Aktenstück im Umfang von 13 maschinenschriftlichen Seiten, dessen Exemplar in der Überlieferung der Hauptverwaltung der Stiftung Preußischer Kulturbesitz im Geheimen Staatsarchiv Preußischer Kulturbesitz in Berlin-Dahlem im Vorgang mit der laufenden Nummer 3059 des Repertoriums 600 abgelegt ist. Den Charakter des Geheimpapiers macht Savoy an einer amtlichen Klassifizierung fest, die bei der Vervielfältigung der 13 Seiten zur Kenntnisnahme der Empfänger vor den Beginn des Textes gesetzt wurde: »Auf die Vertraulichkeit des Dokuments wies ein unterstrichener, in gesperrten Lettern gesetzter Vermerk auf der ersten Seite hin.«

Bénédicte Savoy ist über die Verwaltungsgeschichte zur Kunstgeschichte gekommen. Man wird ihr Verständnis für die Formen unterstellen, in denen in der Arbeit amtlicher Stellen ein Raum interner Kommunikation durch Abschirmung nach außen geschaffen wird. Grundsätzlich gilt für sämtliches Schriftgut, das in Behörden anfällt, das Amtsgeheimnis. Behörden kontrollieren, was sie die Außenwelt wissen lassen. Behördeninterne Unterrichtung folgt, wie der Göttinger Universitätsarchivar Holger Berwinkel 2019 in einem Artikel über ein Beweisdokument des ersten Amtsenthebungsverfahrens gegen den gefährlich redseligen Präsidenten Donald Trump anmerkte, dem universellen Grundsatz »Kenntnis, nur wenn nötig«. Archivgesetze, durch die Behörden verpflichtet werden, ihre Akten mit Ablauf bestimmter Fristen den staatlichen Archiven zu überlassen, deren Beamte nach Kriterien der Archivkunde entscheiden, welche Akten aufgehoben und welche vernichtet werden, komplementieren in Rechtsstaaten das Amtsgeheimnis; das Recht auf Akteneinsicht nach Vorschriften wie dem deutschen Informationsfreiheitsgesetz schränkt es im demokratischen Interesse an informierter Meinungsbildung über die staatlichen Angelegenheiten ein. Wie Berwinkel darlegt, bezweckt Geheimhaltung als bürokratische Arbeitstechnik, den Kreis von Mitwissern von vornherein und im Zweifel klein zu halten. Der Umgang mit Geheimnissen bringt seine eigenen Geheimnisse hervor. Die »Komplexität der Geheimhaltungspraktiken« birgt nach Berwinkels Ausführungen Risiken, hat aber auch ihren eigenen Wert. Diese Praktiken »sind auch in Demokratien nötig, um legitime Entscheidungsprozesse zu schützen«. Der Grundgedanke hat nichts Geheimnisvolles: Die Vertraulichkeit ermöglicht den vertrauten Austausch.

»Vertraulich«: Das Wort, das unterstrichen und gesperrt oben auf der ersten Seite des angeblichen Geheimpapiers aus dem bundesdeutschen Kulturstaatsapparat steht, ist aus dem Recht des Geheimschutzes geläufig. Die vom Bundesinnenministerium erlassene Verschlussachenanweisung, die sowohl für Bundesbehörden als auch für bundesunmittelbare öffentlich-rechtliche Einrichtungen gilt, unterscheidet vier Geheimhaltungsstufen. An dritter Stelle, das heißt auf der zweitniedrigsten Stufe, steht die als vertraulich eingestufte Verschlussache, abgekürzt VS-VERTRAULICH. Was noch stärker geschützt werden soll, wird als GEHEIM im förmlichen Sinne der Anordnung ausgewiesen beziehungsweise auf der höchsten Stufe als STRENG GEHEIM. Für weniger vertrauliches, aber immer noch schützenswertes Material gibt es unterhalb der VS-VERTRAULICH die VS-NUR FÜR DEN DIENSTGEBRAUCH. Das Vertrauliche im rechtlichen Sinne ist demnach nur für den eingeschränkten Dienstgebrauch gedacht. Die Einstufung als VS-VERTRAULICH ist nach dem Buchstaben der Anweisung dann vorzunehmen, wenn die Kenntnisnahme durch Unbefugte für die Interessen der Bundesrepublik Deutschland oder eines ihrer Länder schädlich sein kann und nicht bloß, wie bei VS-NUR FÜR DEN DIENSTGEBRAUCH, nachteilig. Zwanglos scheint sich hier der Sinn des Vermerks über der Überschrift des revidierten Ergebnisprotokolls der Bonner Beratung vom 31. August 1978 zu entschlüsseln. Es handelt sich anscheinend um eine Anweisung für den Dienstgebrauch der dreizehn Seiten, die diesen Gebrauch gemäß der Verschlussachenanweisung einschränkt. Denn liegt es nicht auf der Hand, dass es den Interessen der Bundesrepublik Deutschland im Verständnis des bei der Koordination der Arbeitsgruppe federführenden Auswärtigen Amtes hätte schaden müssen, wenn jenseits der Arbeitsgruppe bekannt geworden wäre, was ihre Mitglieder an Ideen zusammengetragen hatten, um Rückgabewünsche abweisen zu können?

Das von Savoy als Geheimdokument eingestufte Papier war anscheinend nicht geheim oder streng geheim im Sinne der technischen juristischen Begriffe, aber wohl doch immer noch ziemlich geheim gemäß den Normen für die Selbstverpflichtung staatlicher Instanzen auf die Geheimhaltung ihrer schriftlichen Hervorbringungen. Tatsächlich nennen die »Hinweise zur Einstufung« in Anlage III zur Verschlussachenanweisung als eines von vier Beispielen von Material für die Kategorie VS-VERTRAULICH »außenpolitische Verhandlungspositionen, deren frühzeitige Bekanntgabe deutschen Interessen schaden würde«. Und wirklich diente ja die Einberufung der Arbeitsgruppe der Festlegung der Bonner Verhandlungsposition für die Generalkonferenz der Unesco. So scheint also, obwohl Savoys Rede vom sensationellen Geheimdokument reichlich untechnisch ist, diese Wortwahl nicht sensationalistisch, sondern vom Wortlaut der einschlägigen Vorschriften gedeckt. Ist also die Sensation, mit der Savoy aufwartet als jemand, der in den Worten von Markschies in den Archiven sucht und eindrückliche Funde macht, perfekt?

Leider trügt der Schein. Das Arbeitsergebnispapier der Arbeitsgruppe wurde bei seiner Herstellung und Versendung gar nicht nach den amtlichen Bestimmungen über geheimhaltungsbedürftige »Tatsachen, Gegenstände oder Erkenntnisse« (so die Aufzählung der Arten von Verschlussachen in der Begriffsdefinition in §2 der Anweisung) behandelt und klassifiziert. Das beweist der Inhalt beziehungsweise der materielle Zustand der Akte, wie Savoy sie beschreibt. Es genügt nicht, das Wort »Vertraulich« über einen Text zu schreiben, um ihn zur vertraulichen Verschlussache zu machen. Dafür ist immer die Formel VS-VERTRAULICH erforderlich. Eine Eigenschaft der Vorschriften zur Erzeugung und Verwaltung von geheimzuhaltendem Schriftgut ist ein vorsorgliches Übermaß praktischer Sicherheitsvorkehrungen; man könnte insoweit sogar von einer Überbestimmtheit der Vorschriften sprechen. So ist bei Verschlussachen der Stufe VS-VERTRAULICH gemäß den amtlichen Hinweisen zur Handhabung von Verschlussachen

(Anlage IV zur Anweisung) »der Geheimhaltungsgrad mit dem Zusatz ›amtlich geheim gehalten‹ in schwarzer oder blauer Farbe durch Stempel oder Druck« anzubringen, und zwar nicht nur auf der ersten Seite, sondern »am oberen Rand jeder beschriebenen Seite«. Auf den zwölf hinteren Seiten des Rückgabe-Papiers von 1978 wird die auf der ersten Seite form- und umstandslos mit einem einzigen unmissverständlichen Wort formulierte Aufforderung, die Vertraulichkeit des Gelesenen zu wahren, hingegen nicht wiederholt. Das vermeintliche Geheimdokument ist keines, keine Verschlusssache gemäß den Spezialnormen zur Absicherung des Amtsgeheimnisses.

Savoy illustriert die kulturelle und politische Resonanz ihres spezialistischen Themas gerne mit Zeugnissen der populären Kultur, insbesondere Filmen, in denen der Wunsch nach Befreiung und Heimholung der aus Afrika entführten Objekte von Helden erfüllt wird, die ihre Aura durch die gattungstypische Lizenz zum Umgehen und Übertreten von Gesetzen erwerben. In der Freude über die Entdeckung von Archivquellen, deren Leser sich wie unsichtbare Mithörer ungeschützter Gespräche fühlen können, ging die Phantasie mit der Historikerin durch, als sie die Vertrauensleute der Unesco-Kommission in Geheimagenten auf der Innenseite des Staates verwandelte. Was man dem Appell des Unesco-Generaldirektors an das universalistische

Weltgewissen im Namen der deutschen Museumsverwaltungen entgegnen konnte und wollte, das war so lange vertraulich zu behandeln, wie man darüber beriet, ob und was man ihm antworten wollte. Die ausdrückliche Inpflichtnahme der Empfänger des Papiers war bürokratische Routine in einer kulturdiplomatisch heiklen Angelegenheit.

In der Öffentlichkeit wurde die irreführende Geschichte von der Geheimaktion mit Begeisterung weiterverbreitet; für Kulturjournalisten wäre es zu schön, wenn es hinter den Kulissen kulturpolitischer Entscheidungsvorbereitung tatsächlich zuginge wie in einem Filmdrehbuch. Diese professionelle Neigung, hinter den unübersichtlichen Ereignissen ein Skript auszumachen, das nur nacherzählt werden muss, treibt der Geschichte die Kontingenz aus. Zufälle dürfen nicht zufällig gewesen sein; Fehlstarts werden mit Sabotage erklärt, und in jeder Sackgasse hat ein Bösewicht eine Mauer errichtet. Für die Fortsetzung der Geschichte bis in die Gegenwart kann dasselbe Skript verwendet werden, weiß man doch unter Filmkritikern, dass kein Blockbuster so viel Erfolg an der Kasse verheißt wie der zweite Teil. In diesem Sinne versprach Till Briegleb den SZ-Lesern, denen er »Afrikas Kampf um seine Kunst« ans Herz legte, ein Déjà-vu-Erlebnis im Kapitel über 1978: »Dabei glichen die Argumente, die dieser sinistre Herrenklub in seitenlangen ablehnenden Stellungnahmen zusammentrug, frappant jenen Einwänden, die auch heute wieder vorgebracht werden, wenn es um die Rückgabe von Objekten geht, die ohne Zustimmung der Herkunftsländer in europäischen Museen gelandet sind.«

Die Beflissenheit der Geschmackskritik im Dienst zeithistorischer Aufklärung kippt hier ins Drollige: Seitenlange ablehnende Stellungnahmen, das sieht finster aus! Aber wenn die vereinten bundesdeutschen Museumsdirektoren die Rückgabewünsche kurz abgefertigt hätten, wäre das 33 Jahre später erst recht skandalisiert worden. Dieser sinistre Herrenklub: Den Kulturfunktionären, die sich in Wahrnehmung ihrer amtlichen Funktionen 1978 ad hoc zusammenfanden, zur Erledigung einer seinerzeit dringenden Aufgabe, und nach getaner Arbeit wieder auseinandertraten, wird ein ominös schillerndes Etikett verpasst. Die Namen der Akteure dürften damals auch Feuilletonlesern nicht ohne weiteres geläufig gewesen sein und sind heute jenseits der institutionellen Erinnerungspflege vergessen. Aber unter einem sinistren Herrenclub kann man sich etwas vorstellen. Ein Club ist eine kleine Welt der exklusiven Privilegien und in einer demokratischen Umwelt von vornherein suspekt. Wenn es um Empfehlungen für Richtlinien nationaler Kulturpolitik in einem bestimmten Sachgebiet geht, werden die amtlich Zuständigen aber mehr oder weniger naturgemäß einen kleinen Kreis von Kennern in herausgehobener Stellung bilden. Hier soll an den Versammelten zweierlei ins Auge stechen: Herren waren unter sich, und wenigstens einem Betrachter wie dem SZ-Rezensenten kommen sie sinister vor – das heißt, so bestimmt der Duden das von ihm als bildungssprachlich markierte Adjektiv, zwielichtig und unheilvoll.

»Afrikas Kampf um seine Kunst« bietet sehr stark personalisierte Geschichtsschreibung. Der Titel präsentiert die Personifikation eines ganzen Kontinents als handelndes Subjekt. Für Afrika werden visionäre Individuen wie Amadou-Mahtar M'Bow tätig, Sachwalter der Interessen und Treuhänder der Hoffnungen ihrer Gemeinschaften, die diesen Gemeinschaften in der Ausformulierung der kunstdiplomatischen Agenda manchmal um Jahrzehnte voraus sind. Diese quasi heroischen Personen haben Gegenspieler auf europäischer Seite, in deren Handeln das Moment des Gemeinschaftlichen ein anderes, negatives Gewicht hat. Die Europäer kompensieren ihren Mangel an moralischer Statur durch institutionelle Macht, das heißt konzertiertes Vorgehen dank bürokratischer Ermächtigung. Auch sie sind Repräsentanten, aber sie repräsentieren kein von Savoy als legitim anerkanntes politisches Interesse, sondern einen Typ des Handelnden, der in Wahrheit nicht handelt, sondern mit vereinten Kräften verhindert und blockiert; sie stehen für ein Abwehrverhaltensmuster. Im Buch wird dieser Typ von bürokratischem Hauptakteur im Vorübergehen charakterisiert, mit den Mitteln einer impressionistischen Gruppensoziologie, die auf statistisch angeblich auffällige Merkmale hinweist.

Zwei Merkmale greift Briegleb auf. Außer dem männlichen Geschlecht soll die meisten Klubmitglieder auch der Zeitpunkt des Klubeintritts oder doch des Erwerbs der Anwartschaft auf die Klubmitgliedschaft verbinden. Sinister soll heißen: politisch belastet. Einzelne Mitglieder seiner »Gruppe geheim agierender Sammlungsleiter und Politiker« stellt Briegleb so vor: »Wenig überraschend hatten die meisten dieser Kulturbeamten ihre Karriere aus dem Dritten Reich in der BRD lückenlos fortführen können – etwa der damalige Präsident der Stiftung Preußischer Kulturbesitz, Hans-Georg Wormit, der Direktor des Linden-Museums in Stuttgart, Friedrich Kußmaul, der Präsident des deutschen Nationalkomitees des Internationalen Museumsrates ICOM, Hermann Auer, oder der Leiter des Bereichs ›Kulturpflege‹ im Bundesinnenministerium, Carl Gussone.« Die personelle Kontinuität in der Kulturverwaltung vor und nach 1945 sorgt seit einigen Jahren wieder einmal für regelmäßige öffentliche Diskussionen, die sich fast immer und gar nicht anders als in der unmittelbaren Nachkriegszeit um prominente Einzelfälle drehen, wie Werner Haftmann, den lenkenden Geist der Kasseler Documenta und Gründungsdirektor der Neuen Nationalgalerie in Berlin. Nachdem die sogenannte Behördenforschung der zeithistorischen Großforschungsinstitute in amtlichem Auftrag riesige prosopographische Untersuchungen zu den Bundesministerien, den Geheimdiensten und anderen Behördenkomplexen erstellt hat, nimmt sie sich im Zuge der Weiterarbeitsbeschaffung inzwischen auch die Kulturinstitutionen vor; Förderung durch die Behörde der Beauftragten der Bundesregierung für Kultur und Medien ist zugesagt. In der allgemeinen Öffentlichkeit wird die Weiterverwendung politisch belasteten Fachpersonals im Kulturbereich als besonders bedenklich eingestuft, weil hier mentalen Prägungen die direktesten inhaltlichen Auswirkungen zugetraut werden – umgekehrt dürfte der Zwang zur ausdrücklichen Distanzierung hier allerdings besonders stark gewesen sein. Diese vagen nachträglichen Gefahrenprognosen belegen ironischerweise das Fortleben eines bildungsbürgerlichen Idealismus in der Selbstwahrnehmung des Kulturbetriebs, der selbst eine ganz wesentliche Voraussetzung für die eifrige Mitarbeit von Künstlern und Kulturfunktionären im völkermörderischen Staat war: Ideen wird eine Eigenmacht unterstellt, den Kulturmenschen von Beruf stellt man sich innengeleitet vor.

Dass Kulturbeamte ähnliche Anpassungsleistungen an offene und unausgesprochene politische Vorgaben vollbringen und zu vollbringen haben wie Beamte mit nicht ganz so vornehmen Zuständigkeiten, wird unterschätzt. Gleichwohl ist die Frage nach wiederkehrenden und fortgeschleppten Habitusmustern und Denkgewohnheiten unterhalb des forcierten Wandels kunstpolitischer Programmatiken ergiebig. Die Begeisterung für eine mit der Abstraktion identifizierte internationale Moderne im bundesdeutschen Ausstellungsbetrieb der fünfziger Jahre diente auch der Ablenkung von unerfreulich konkreten Nebenprodukten des sogenannten Kunstschaffens der Jahre vor 1945 und blendete verfolgte realistische Positionen von neuem aus – das alles ist dokumentiert und pointiert gedeutet worden, bevor Einzelheiten über die Mitgliedschaften und Tätigkeiten Werner Haftmanns im NS-Staat bekannt wurden. Wo Museumssammlungen als nationaler Kulturbesitz ausgewiesen werden, setzt eine symbolische Bewirtschaftung ein, die der Selbstdarstellung des Staates und der tonangebenden Milieus dient. Die ideologiekritische Frage nach den Eigeninteressen kunstpolitischer Planer, Verwalter, Mittler und Erklärer ist berechtigt – sollte sich dann jetzt allerdings auch auf den Enthusiasmus richten, der den staatlich alimentierten Kulturbetrieb beim Thema der postkolonialen Gerechtigkeit ergriffen hat.

Savoys These, dass die Einstellung bundesdeutscher Kunstbürokraten zu den Restitutionsforderungen aus Afrika durch einen verdeckten Rassismus nationalsozialistischer Provenienz geprägt worden sei, ist in der öffentlichen Diskussion über »Afrikas Kampf um seine Kunst« auf ein besonders positives Echo gestoßen. Dabei ist die These als

Ansatz einer historischen Erklärung offensichtlich unplausibel. Deutsche Museumsleiter agierten im Vergleich mit ihren Kollegen in anderen Ländern bei diesem Thema nicht besonders schroff oder besonders beharrlich; ein deutscher Sonderweg ist nicht zu erkennen. Der Hinweis auf das nationalsozialistische Kapitel in der Berufsbiographie eines Mannes wie des Juristen Hans-Georg Wormit (1912 bis 1992), der seinen Aufstieg in der Verwaltung in Kiel begann und nach 1945 bis zur Ernennung zum Staatssekretär fortsetzte, 1956 zum Hauptgeschäftsführer des Deutschen Landkreistags gewählt wurde und 1961 an die Spitze der Stiftung Preußischer Kulturbesitz trat, wäre sinnvollerweise eher an die heutige politische Öffentlichkeit zu adressieren: Die braunen Rückstände in den Spitzenpersonalakten sind ein weiterer moralischer Grund dafür, im Verhältnis zwischen Deutschland und dem von Europa einst beherrschten, ausgebeuteten oder übervorteilten Rest der Welt reinen Tisch zu machen und bei der Wiedergutmachung kolonialen Unrechts nicht kleinlich vorzugehen. Man könnte auch sagen: Ein Staat mit der raubmörderischen Vergangenheit Deutschlands wird beim Bestehen auf einem legalistischen Begriff des Staatseigentums nie eine gute Figur machen. Aber Savoy geht in ihrem Buch weiter; ihre Geschichte eines großen Unrechts soll in jedem Detail moralischen Sinn abwerfen.

Das »Wörterbuch des Teufels« von Ambrose Bierce definiert »allein« mit »in schlechter Gesellschaft«. Waren die Mitglieder von Savoys Herrenklub in schlechter Gesellschaft, wenn sie unter sich blieben? Es ist in zweifacher Hinsicht fragwürdig, nationalsozialistische Lebenslasten als bestimmendes Merkmal der Gruppe von Entscheidungsträgern der deutschen Kulturpolitik auszugeben, die sich drei Jahrzehnte nach Kriegsende über Gründe zur Zurückweisung afrikanischer Restitutionsforderungen verständigte. Erstens ist aus der Behördenforschung bekannt, dass sich einzelne Entscheidungen nur ausnahmsweise auf nationalsozialistische Hintergrunddispositionen zurückführen lassen. Und zweitens waren nicht alle Klubmitglieder Parteimitglieder oder NS-Karrieristen. Briegleb vereinfacht die Aktenlage im Sinne einer Kontinuitätslegende, die seinen Lesern gestattet, sich auf der sicheren Seite des zu spät vollzogenen Bruchs mit der NS-Zeit zu wähnen, indem er von seinen vier beispielhaft erwähnten Funktionären behauptet, dass sie ihre Laufbahnen lückenlos fortgesetzt hätten.

Auf Friedrich Kußmaul, den Direktor des Linden-Museums von 1971 bis 1986, trifft das nicht zu, weil er seine Laufbahn im Museumsdienst erst in der Bundesrepublik begann. 1920 geboren, nahm er im Wintersemester 1945/46 nach der Rückkehr aus der Kriegsgefangenschaft das Studium der Ethnologie in Tübingen auf. Am 1. Januar 1954 trat er als Volontär ins Linden-Museum ein, ein Jahr später wurde er zum Kustos und Leiter der Abteilungen Asien und Ozeanien ernannt. In ihren Vorträgen und Interviews hat Savoy Kußmaul mehrfach mit einem zur Häme gesteigerten Spott bedacht. »Er selbst war nie in Afrika gewesen, er war immer nur in Baden-Württemberg.« Der Bauernsohn aus Bondorf im Landkreis Böblingen verkörpert für sie die Museumsethnologen, »die nie aus Böblingen in Baden-Württemberg oder ihrem Dorf herausgekommen sind, weil sie auch stereotype Vorstellungen von dem haben, was das moderne Afrika ist«. Kußmaul war kein Afrika-, sondern Asienspezialist. Schon vor der Einberufung zur Wehrmacht hatte er vorgehabt, über das Pferd bei den Mongolen zu schreiben. 1962 gewährte ihm das Museum Urlaub für eine von der DFG unterstützte Forschungsreise nach Afghanistan, zu der ihn ein französisches Buch über die Geschichte des Landes inspiriert hatte. Aus Krankheitsgründen musste er vorzeitig nach Stuttgart zurückkehren. Der Afrikaspezialist des Linden-Museums, Hans-Joachim Koloss, wurde von Kußmaul siebenmal zur Forschung nach Kamerun geschickt, mit dem ausdrücklichen Auftrag, den kulturellen Hintergrund der Stuttgarter Sammlungsgegenstände aufzuklären.

Hermann Auer, 18 Jahre älter, Wissenschaftlicher Direktor des Deutschen Museums in München von 1959 bis 1971 und von 1968 an stolze 24 Jahre lang Präsident der deutschen Sektion des internationalen Museumsverbands ICOM, stand bei Kriegsende im dreiundvierzigsten Lebensjahr. Seit 1936 habilitiert, war der Experimentalphysiker an der Universität München über die außerplanmäßige Professur nicht hinausgekommen, trotz Mitgliedschaften in der NSDAP und den Unterorganisationen Volkswohlfahrt, Kraftfahrkorps und Dozentenbund. Und lückenlos konnte er diese nicht besonders bemerkenswerte Laufbahn über 1945 hinaus gerade nicht fortsetzen. Im Gegenteil ergab sich der Eintritt ins Deutsche Museum, der Auer später in die höchsten Gefilde der internationalen Museumsdiplomatie aufsteigen ließ, aus der Not, dass der Systemwechsel von 1945 eine Lücke in seinen Lebenslauf riss: Auer wurde am 22. März 1946 aus dem Universitätsdienst entlassen, weil er im Entnazifizierungsverfahren zunächst als Mitläufer eingestuft wurde; die zwischenzeitliche Wiedereinstellung wurde widerrufen, weil die Genehmigung der Militärregierung fehlte. Im Juli 1948 erfolgte seine Einstellung im Deutschen Museum; wie Karen Königsberger in ihrer Geschichte des Museums von 1945 bis 1980 berichtet, hatte sich Auers Anstellung wegen der politischen Vorbehalte so sehr verzögert, dass er für die Abteilung in seinem Fachgebiet Physik schon nicht mehr benötigt wurde. Auch deshalb verlegte er sich auf den Aufbau des Vortragsprogramms.

Gerade der Knick in Auers Arbeitsbiographie erklärt also seine Spezialisierung auf populärwissenschaftliche Vermittlung, mit der er sich für höhere Aufgaben in der Außendarstellung des Deutschen

Museums empfahl. Dass in diesem Fall ein zwischenzeitlich als belastet eingestufter Akademiker nach dem Laufbahnwechsel wohl weiter kam, als er bei einem Verbleib in der Universität gekommen wäre, mag man als Indiz unterlassener Aufarbeitung der Personalangelegenheiten in der Kulturverwaltung noch stärker gewichten als Fälle von Rückkehr ins Amt oder Verbleib im Amt. Aber die sozialpsychologische Vorstellung, die das Bild vom sinistren Herrenklub vor dem Hintergrund der deutschen Zeitgeschichte hervorruft, die Idee der kollektiven Arroganz der Macht der Direktoren, die sozusagen deshalb geglaubt hätten, nichts abgeben zu müssen, weil ihnen sogar die Katastrophe von 1945 nichts habe anhaben können, übertreibt die Homogenität der einzelnen Biographien wie der gemeinsamen Erfahrungen.

Diesen Eindruck der Homogenität steigert Savoy im Buch auch dadurch in irreführender Weise, dass sie die Lebensschicksale ihrer Akteure in der NS-Zeit nur insoweit erwähnt, als sie belastend zu Buche schlagen. Aus dem Vorleben der Mitglieder des Herrenklubs erfährt man, dass Wormit 1938 Mitglied der NSDAP wurde, dass Auer Mitglied in der Partei und anderen NS-Organisationen war und dass Carl Gussone, der Kulturerbespezialist im Bonner Innenministerium, nicht nur NSDAP-Mitglied gewesen war, sondern acht weitere NS-Mitgliedschaften gesammelt hatte, darunter die der SS. Man erfährt nicht, dass Otto von Simson, als Organisator der »Arbeitsgruppe ›Rückgabe von Kulturgut‹« so etwas wie der Klubpräsident, 1939 in die Vereinigten Staaten emigrierte, wo er am Marymount College in Tarrytown, New York, am Saint Mary's College in Notre Dame, Indiana, und im Committee on Social Thought der University of Chicago unterrichtete. 1957 kehrte der Urenkel von Eduard von Simson, dem Präsidenten der Frankfurter Nationalversammlung, des Reichstags und des Reichsgerichts, und Enkel des Chemiefabrikanten und Kunstsammlers Franz Oppenheim nach Deutschland zurück, um in den diplomatischen Dienst einzutreten: Von 1957 bis zu seiner Berufung an die FU Berlin 1964 vertrat er die Bundesrepublik als Ständiger Delegierter bei der Unesco in Paris. Freiwillig führte er einen zweiten Bruch in seinem Berufsleben herbei, um seinen Beitrag dazu zu leisten, dass das Land, das ihn vertrieben hatte, in den Kreis der Kulturnationalstaaten zurückkehren konnte.

In ihrem Hamburger Vortrag am 4. Mai 2021 zitierte Savoy aus Till Brieglebs Rezension in der »Süddeutschen Zeitung« den Satz mit dem »sinistren Herrenklub«. Sie sagte, dass ihr der Ausdruck gefalle – »und genau über diesen sinistren Herrenklub will ich heute nicht sprechen«. Eine Woche zuvor, am 26. April 2021, hatte sie durch Videozuschaltung an der Vanderbilt University in Tennessee gesprochen, im Seminar des Deutschlandhistorikers Helmut Walser Smith. Dort hatte sie dieselbe

Pointe gemacht, mit dem rhetorischen Mittel der Praeteritio, der Erwähnung durch Nichterwähnung, des ostentativen Vorübergehens. Es waren »furchtbare alte Museumsdirektoren, oft ehemalige Nazis, die richtig organisiert haben, dass nichts passiert«: So erläuterte sie für die amerikanischen Studenten Brieglebs griffige Wortfindung. »Ich habe beschlossen, ich spreche nicht über den sinistren Herrenklub; darüber ist in der Berichterstattung über das Buch sehr, sehr viel geschrieben worden.«

Was hat es mit der behaupteten geschlechtlichen Exklusivität des Klubs auf sich? Ob Briegleb auf den 1924 im Berliner Hotel Bristol Unter den Linden gegründeten Deutschen Herrenklub anspielen wollte, in dem sich Großgrundbesitzer, Großindustrielle, Spitzenbeamte und Politiker wie Franz von Papen zum Austausch antirepublikanischer Gedanken trafen, mag dahinstehen. Das Bild des Rezensenten mit seinen Assoziationen von Clubsesseln und Zigarrenrauch greift ein gendersoziologisches Argument Savoys auf. Sie sieht Zeichen dafür, dass das Engagement für eine generöse Rückgabepolitik in besonderer Weise eine Sache von Frauen war und ist. »Es fällt auf, dass Frauenstimmen in der europäischen Restitutionsdebatte der 70er und 80er Jahre zwar selten waren, sie aber fast durchgehend im Sinne einer konstruktiven Diskussion zugunsten der afrikanischen Forderungen argumentierten.« Zwei englische Wortmeldungen von Privatpersonen aus dem Jahr 1974 sind im Buch der

Anlass für diese Feststellung. In der »Times« vom 8. März warb die Leserbriefschreiberin Joanna M. Hughes aus London für die wohlwollende Behandlung des Gesuchs auf Rückgabe der 1874 erbeuteten Herrschaftszeichen der Asante, welches das Britische Museum aus Ghana erreicht hatte. Für bemerkenswert hält Savoy auch, dass die Leserin ihr Plädoyer für einen Akt der Fairness und Freundschaft namens einer unbestimmten Mehrzahl von Personen vorbrachte, »im auffälligen Plural«, einem anti-majestätischen Plural des grenzenlosen demokratischen Mitgefühls sozusagen. Ein halbes Jahr später berichtete die »Times« zudem über eine stellvertretende Schulleiterin aus Stafford, die ihre gerade von einer Klassenfahrt nach Ghana zurückgekehrten Schüler ermutigte, durch Eingaben an Parlamentsabgeordnete öffentlichen Druck zugunsten der Restitution auszuüben – »wieder eine Frau«!

Gerne weist Savoy darauf hin, dass es heute Museumsdirektorinnen sind, die sich an die Spitze der Bewegung der postkolonialen Inventur gesetzt haben und traditionsreiche ethnologische Museen in den Dienst der Restitutionskampagnen stellen, wie Leontine Meijer-van Mensch in Dresden und Leipzig und Nanette Snoep in Köln. Indem die Geschichtsschreiberin der Restitutionsbemühungen ein solches Gruppenbild der Vorläuferinnen und Mitstreiterinnen komponiert, kann sie in geziemender Bescheidenheit auch ihre eigene Rolle in der von ihr erzählten Geschichte ansprechen – im nicht mehr auffälligen Plural der ersten Person.

Savoys Buch errichtet der FDP-Politikerin Hildegard Hamm-Brücher, der im Auswärtigen Amt unter ihrem Parteifreund Hans-Dietrich Genscher für die auswärtige Kulturpolitik zuständigen Staatsministerin, das Denkmal einer tragischerweise an der schnöden Normalität des demokratischen Machtwechsels gescheiterten Heldin. Nach der Rückkehr von der zweiten Unesco-Weltkonferenz zur Kulturpolitik, die vom 26. Juli bis zum 6. August 1982 in Mexiko City tagte, ließ die Staatsministerin über die Nachrichtenagenturen die Meldung verbreiten, dass sie sich »in der Frage der Rückgabe von Kulturgütern an die Herkunftsländer für Großzügigkeit« ausgesprochen hatte. Als Termin für den symbolischen Anfang solcher Restitutionen fasste sie die im Jahr 1984 anstehende hundertste Wiederkehr des Tags der Unterzeichnung der sogenannten Schutzverträge mit Togo und Kamerun ins Auge. Am 1. September 1982 ließ sie einen Beamten ein Schreiben aufsetzen, das ihre Absicht festhielt, aus der Sammlung des Ethnologischen Museums in Berlin-Dahlem »je ein Geschenk für Togo und Kamerun« auswählen zu lassen. Zwei Wochen später führte Hamm-Brüchers Chef den Bruch der sozialliberalen Koalition herbei. Genscher blieb Außenminister, Hamm-Brücher schied im Protest, und mit ihr »verschwanden« laut Savoy die Rückgabepläne »in der Schublade«.

Auch in der Epoche der verfassungsrechtlich garantierten Gleichberechtigung der Geschlechter wurden Führungspositionen in allen Machtsektoren der Gesellschaft noch über viele Jahrzehnte überwiegend von Männern mit Männern besetzt. Das galt trotz der Ausweitung und Förderung des Frauenstudiums für die Universität und trotz des seit jeher relativ hohen Anteils der Frauen im Studienfach Kunstgeschichte für die Museumswelt. Ob der sinistre Herrenklub lediglich die Strukturen gewöhnlicher toxischer Männlichkeit spiegelte oder ob am Ende die Möglichkeit, machtlose Bittsteller aus fernen Ländern in die Schranken zu weisen, die Museumskarriere für herrschsüchtige Herren sogar besonders attraktiv gemacht haben soll, lässt sich auf der Grundlage von Savoys anekdotischer Statistik nicht entscheiden. Bildeten die erbitterten Rückgabegegner eine Untergruppe der Museumsdirektoren, in der Männer überrepräsentiert waren? Savoy liefert dazu keine Zahlen. Aber wie für die politische Belastung der Klubmitglieder gilt für den Herrenanteil: Das abschreckende homogene Bild kann Savoy nur erzeugen, indem sie die Gegenbeispiele unsichtbar macht.

Zur deutschen Delegation in Mexiko City 1982 gehörte als Vertreterin der Kultusministerkonferenz »die Restitutionsspezialistin Elisabeth Schwarz«. Die Regierungsdirektorin der Hamburger Kulturbehörde hat mehrere Auftritte in Savoys Erzählung. So führte sie 1978 als Delegierte der Unesco-Generalkonferenz in der Kommission für Kultur und Kommunikation auf Nachfrage eines Kollegen aus Nigeria aus, dass es in der Bundesrepublik schon seit 1955 kein nationales Kulturerbe im rechtlichen Sinne mehr gebe, sondern nur noch ein europäisches. Laut Savoy lieferte die Beamtin damit ein »besonders raffiniertes Beispiel« für die kulturbürokratische Kunst taktischen Ausweichens durch juristisches Umdefinieren. Zwar nennt Savoy es fraglich, ob »Elisabeth Schwarz mit ihrer Dialektik die Delegierten aus ehemals kolonisierten Ländern« überzeugen konnte, doch immerhin bescheinigt sie der Hamburger Juristin, mit ihrem Appell, dass es »nicht das Ziel der Unesco sein« könne, »zum nationalen Erbe zurückzukehren«, den »innersten Kern der Restitutionsthematik« berührt zu haben.

Diese Leistung des Scharfsinns bringt Savoy indes nicht damit in Verbindung, dass Schwarz eine Frau war. Elisabeth Schwarz legte auf der bürokratischen Innenseite der von Männern dominierten Welt der Politik mutmaßlich nicht weniger Eigensinn und Beharrungsvermögen an den Tag als Hildegard Hamm-Brücher, wie man wohl dem von Schwarz erreichten Rang in der Besoldungsordnung ablesen darf. Bei Savoy erscheint Elisabeth Schwarz unter ihrem Namen, aber sie bleibt als Person im Grunde anonym: Helfershelferin der bösen Männer. Dabei war sie eine Pionierin: Nach ihrem Tod im Alter von 87 Jahren würdigte ein Nachruf der Vorsitzenden des Hamburger Landesverbands des Deutschen Juristinnenbundes 2013 die unverheiratet gebliebene, als Waise aufgewachsene Tochter eines Marineschullehrers, die mit ihrer Dissertation über »Die Anpassung des deutschen Staatsangehörigkeitsrechts an den Grundsatz der Gleichberechtigung von Mann und Frau« ihrer Zeit weit voraus gewesen sei, als Rollenmodell in Amt und Ehrenämtern. In der als Buch erschienenen Geschichte des Zonta-Clubs Hamburg, des ersten deutschen Kapitels des internationalen Netzwerks berufstätiger Frauen, ist ihr ein Kapitel gewidmet, neben Rosa Schapire, Gertrud Bing und Marion Gräfin Dönhoff.

Triumph der gezielten Lügen – diese Worte hätte Savoy nach eigenen Angaben nicht gewählt, um die Aussage ihres Buches auf den Punkt zu bringen. Auch so steht aber in ihrer eigenen Zusammenfassung am Ende des Buches der Satz: »Auch Museen lügen.« Und im Mündlichen fand die Autorin kaum weniger starke Formulierungen als die »Süddeutsche Zeitung« für die These, dass Lügen gezielt eingesetzt wurden und die Restitutionsgegner über Jahrzehnte hinaus triumphieren ließen. Als Gast auf dem »Blauen Sofa« von Deutschlandfunk Kultur auf der Leipziger Buchmesse hob Savoy am 27. Mai 2021 mit einer Vokabel der Kultursoziologie das Intentionale und Systematische der musealen Unwahrheitspflege hervor, mitgerissen von der Begeisterung über den eigenen Sarkasmus: »Die Kulturtechnik der Lüge spielt eine sehr schöne Rolle dabei, die Kulturtechnik des Verzögerns, damals unter dem Begriff retardierende Maßnahmen, die Kulturtechnik der Demütigung, des Maulkorbs; aber die Kulturtechnik der Lüge ist schon die schönste.«

Sie hatte für die schönste Kunst unter den Techniken des Unschönen auch »ein schönes Beispiel« zu bieten: »Als ein neuer Präsident der Stiftung Preußischer Kulturbesitz seinen Dienst antritt, die Debatte läuft schon seit einigen Jahren, fragt er seinen Generaldirektor: Ehrlich jetzt, unter uns, alles schön protokolliert, wie viele Objekte müssten wir eigentlich zurückgeben, wenn wir es ernst meinen?« Die Episode, die Savoy in dieser Form nacherzählte, spielt im Jahr 1978 und steht in »Afrikas Kampf um seine Kunst« auf Seite 118. Nach dem Appell des Unesco-Generaldirektors verschickte das Auswärtige Amt im Zuge der Vorbereitung der Pariser Generalkonferenz einen Fragebogen an die Leiter großer Museumsverwaltungen. Eine Frage lautete: »Wie groß sind die Bestände der für eine Rückforderung in Frage kommenden Objekte nach verschiedenen Kategorien?« Werner Knopp, seit einem Jahr als Nachfolger Wormits Präsident der Stiftung Preußischer Kulturbesitz, legte die Frage Stephan Waetzoldt vor, seinem Generaldirektor für die Berliner Museen.

Man sieht, wie Savoy die Geschichte beim Wiedererzählen ausschmückt beziehungsweise verformt. Knopp erkundigte sich nicht etwa aus Anlass seines Amtsantritts nach der Dimension der Restitutionsangelegenheit, sozusagen aus Neugier auf die tatsächliche Temperatur des heißen Eisens. Irreführend sind die atmosphärischen Zutaten, die Redensarten zur Umschreibung einer vertraulichen Konsultation, in der Waetzoldt endlich einmal ehrlich hätte beziffern sollen, was Präsident und Direktor nur unter sich offen hätten erörtern wollen. Vor allem aber richtete sich Knopps Frage gar nicht auf den Umfang einer angenommenen Rückgabepflicht, die bei ernster Intention zu erfüllen wäre. In Wahrheit hatte das Ministerium von Knopp und Knopp von Waetzoldt wissen wollen, wie viele Objekte von möglichen Forderungen betroffen sein konnten, also von der Umsetzung des allgemeinen Appells von M'Bow in konkrete Gesuche einzelner Anspruchsteller. Waetzoldt antwortete: »Es ist selbstverständlich davon auszugehen, dass für Rückforderungen der gesamte Bestand ganzer Völkerkundemuseen, archäologischer Museen und vorderasiatischer Abteilungen grundsätzlich in Frage kommt. Im Bereich der Staatlichen Museen Preußischer Kulturbesitz würde es sich dabei um eine Größenordnung von etwa 500 000 Objekten handeln.« Das ist der Wortlaut, wie im Buch zitiert. Die mündliche Leipziger Paraphrase lautete hingegen: »Und der Generaldirektor der Staatlichen Museen zu Berlin Stephan Waetzoldt schreibt zurück: 500 000, im Grunde ist alles restitutionswürdig. Das ist das, was innerhalb dieser Dienstzimmer passiert.« Doch in den Dienstzimmern der SPK-Führung war 1978 in Wahrheit nichts dergleichen passiert. Keineswegs klassifizierte Waetzoldt den Gesamtbestand der Berliner außereuropäischen Sammlungen als restitutionswürdig. Dessen etwa 500 000 Objekte waren alle restitutionsfähig, Gegenstände denkbarer Rückgabeansprüche. Restitutionswürdig ohne Einzelfallprüfung waren sie nur für die Befürworter einer kompletten Umverteilung, die damals auch auf afrikanischer Seite noch in der Minderheit waren.

Die Leipziger Verdrehung des bürokratischen Vorgangs vorsorglicher Sichtung und Aufnahme von hypothetischen Anträgen betroffener Bestände ist noch nicht komplett; zur Erbauung des Buchmessenpublikums bekam die Geschichte noch eine explizite Pointe. »Aber nach außen – ungefähr einen Monat später wird derselbe Präsident der Stiftung von der Politik gefragt: Sagen Sie, ist alles legal erworben worden, was Sie haben? Und die Antwort lautet: ja.« Der in der Leipziger Anekdote namenlose SPK-Präsident soll demnach dreist gelogen haben. Gerade erst hatte er erfahren, dass er auf 500 000 restitutionswürdigen Objekten saß – und den verantwortlichen Politikern versicherte er, dass alles in diesem riesigen Haufen rechtmäßig erworben worden sei, also kein Restitutionsgrund bestehe. Die Virtuosin des Pointierens durch wiederholtes Erzählen hat hier zwei Geschichten vermischt und zwei Präsidenten der Stiftung Preußischer Kulturbesitz verwechselt. Die Anfrage aus der Politik, die Savoy im Sinn hatte, wurde der Stiftungsleitung schon 1976 vorgelegt, nach der 19. Generalkonferenz der Unesco in Nairobi; die Fundstelle in »Afrikas Kampf um seine Kunst« ist Seite 83. Auf einer Sitzung des Stiftungsrats in Berlin stellte ein Mitglied die Frage, ob sich wirklich beweisen lasse, dass alle Objekte im Preußischen Stiftungsbesitz legal erworben seien. Im Protokoll steht: »Der Präsident und Professor Dr. Waetzoldt bejahen dies.«

Savoy bewertet diese Antwort als »kurz, bündig und unverfroren« und beschließt ihr Kapitel über 1976 ihrerseits wie ein Staatsanwalt im Gerichtsfilm sein Plädoyer. »Spätestens 1976 war in Sachen Provenienz klar: Museen lügen auch.« Eine Lüge ist eine absichtliche Falschbehauptung. Den Begriff der Lüge macht das Wissen um die Unwahrheit der Äußerung zum Zeitpunkt der Äußerung aus. Der Lügner lügt, wenn und indem er weiß, dass er lügt. Man kann wohl nicht ausschließen, dass der SPK-Präsident Wormit und sein Generaldirektor Waetzold meinten, in der Stiftungsratssitzung eine wahrheitsgemäße Auskunft zu Protokoll gegeben zu haben. Sie dürften geglaubt haben, im Zweifelsfall die Legalität des Erwerbs eines beliebigen Objekts schon nachweisen zu können. Es ist Routine, dass in Sitzungen auf lästige, weitreichende Fragen ähnlich pauschale Antworten erfolgen. Aus der Tatsache des Museumsbesitzes ergab sich die Vermutung der Legalität der Erwerbung. Logisch geht diese Ableitung nicht auf, und man mag sich wünschen, dass Wormit und Waetzoldt die Grenzen ihres Wissens markiert hätten und auch die Wahrscheinlichkeit, dass im Zuge der Anhäufung wertvoller Dinge in hoher sechsstelliger Zahl nicht bei jeder einzelnen Transaktion alles mit rechten Dingen zugegangen sein dürfte.

Kann man es unverfroren nennen, dass die Stiftungsleitung ohne jeden Vorbehalt fachlichen Klärungsbedarfs eine Garantie für die Rechtmäßigkeit sämtlicher Erwerbungsgeschäfte ihrer Vorgänger abgab? Die Wertung ist vertretbar. Aber gerade das Bündige, aus heutiger Sicht irritierend Routinierte der Antwort spricht gegen die Unterstellung einer Täuschungsabsicht. Eine Lüge sieht anders aus. Erst recht ist es problematisch, dass Savoy aus diesem einen Fall brüsker Erledigung der Rechtsfrage das Paradigma eines um Wahrheit und Billigkeit unbesorgten Führungskommunikationsstils macht, eines angeblich in der Ära von Wormit und Knopp in allen Museumschefetagen anzutreffenden Musters gewollten Fehlverhaltens.

Von mehreren solcher Muster sprach Savoy am 27. Januar 2022 in einem Vortrag im Historischen Museum Frankfurt. Eines soll darin bestanden haben, dass die Direktoren »alles abgeblockt haben«, indem sie »ihre jeweiligen Politikerinnen und Politiker, also die Hierarchien, unter denen sie standen«, wie beispielsweise das Linden-Museum in Stuttgart dem Kulturministerium in Baden-Württemberg unterstehe, »permanent und ganz offen belogen« hätten. Das konkrete Beispiel für diese Kulturtechnik der Irreführung der Behördenaufsicht kam dann nicht aus Stuttgart. »In West-Berlin fragt der Stiftungsrat der Stiftung Preußischer Kulturbesitz: Sagt mal, könnt ihr wirklich für jedes einzelne Stück belegen, dass es legal erworben wurde? Und der Präsident der Stiftung Preußischer Kulturbesitz Hans-Georg Wormit antwortet: Ja. Das ist natürlich nicht der Fall; und heute haben wir, noch vor fünf Jahren, oft gehört: Das lässt sich gar nicht rekonstruieren, wir wissen nicht genau, wie es gekommen ist, et cetera.«

Zuerst wurde beteuert, alles sei rechtmäßig angekauft oder als Geschenk entgegengenommen worden. Später, als nach einzelnen Provenienzen gefragt wurde, so auch noch 2017, als Savoy mit dem Tschernobyl-Vergleich die Provenienzforscher der Stiftung herausforderte oder überforderte, hieß es, so genau könne man das gar nicht wissen. Was Savoy hier eigentlich beschrieb, sind wechselnde Ausreden. Sie meinte jedoch, eine durchgehende Systematik der Unwahrhaftigkeit enttarnt zu haben, die totale Entkopplung von externer und interner Kommunikation. »Das heißt, die Hierarchie ist permanent belogen worden, und gleichzeitig schrieb so jemand wie Wormit am selben Tag an seinen Generaldirektor der Museen: Sagen Sie, Waetzoldt, ich habe gerade die Anfrage, ob alles legal erworben wurde, ne – wieviel wäre eigentlich betroffen, also wenn wir das jetzt ernst nehmen? Und die Antwort ist 500 000 Stück. So.«

In Frankfurt erzählte Savoy die Geschichte, die sie sieben Monate vorher in Leipzig erzählt hatte, sozusagen aus dem Gedächtnis, nicht wieder nach dem Buch. Die beiden vermischten Anekdoten von 1976 und 1978 bildeten inzwischen eine untrennbare Einheit, so dass es auf die Reihenfolge der beiden Teile der Handlung nicht mehr ankam. Laut der Leipziger Version hatte der Präsident zuerst vertraulich die Wahrheit in Erfahrung gebracht und dann gelogen, nach der Frankfurter Fassung soll es umgekehrt abgelaufen sein – mit der dramatischen Zuspitzung, dass beide Erkundigungen an demselben Tag erfolgten. In dieser Verdichtung hätte sich die Geschichte zutragen müssen, wenn sich die Dinge fügen würden wie in den Drehbüchern der Filme, die Savoy in ihren Vorträgen in prägnanten Ausschnitten zu zeigen liebt.

Mit einem Schlagwort der Gegenwart behauptet Savoy in ihrem Buch, es sei vor einem halben Jahrhundert ständige Übung deutscher Museumsdirektoren gewesen, »in der Politik und den Ministerien unverifizierte Gerüchte zu verbreiten und mit diesen *fake news* politische Entscheidungen zu beeinflussen«. Die Wahrheit über den Dienstgeschäftsgang in der Verwaltung des deutschen Kulturbesitzes hat Savoy spätestens nach der Publikation ihres Buches aus den Augen verloren. Lügnerische Absicht war dabei nicht im Spiel, wohl aber grobe Fahrlässigkeit.

Berlin–Dakar 1979

Eine verpasste Chance
der geschichtlichen Phantasie

Im Mai 1979 fand in Lindau am Bodensee eine Tagung des deutschen Nationalkomitees des Internationalen Museumsrats ICOM zum Thema »Die Museen und die Dritte Welt« statt, laut Savoy maßgeblich vorbereitet durch die »Arbeitsgruppe ›Rückgabe von Kulturgut‹« aus dem Vorjahr, die inzwischen als »Bonner Kommission« firmierte. Sieben Mitglieder der Kommission traten in Lindau als Vortragende auf, und spitz merkt Savoy an, dass sie »meist außerhalb ihres Kompetenzbereichs« geredet hätten. Erstes Beispiel: »Der Kunsthistoriker Simson sprach über das mit der Romantik und der Renaissance in Europa vergleichbare Kunstverständnis der ›Dritten Welt‹.« Otto von Simson, Schüler von Wilhelm Pinder, verfasste seine gelehrten Hauptwerke über Rubens und die gotische Kathedrale. Savoy erwähnt nicht, dass er zwei Jahrzehnte vor der Übernahme der Präsidentschaft der Deutschen Unesco-Kommission sieben Jahre lang die deutsche Unesco-Vertretung geleitet und in dieser hauptamtlichen Tätigkeit die kultur- und kunstpolitischen Vorstellungen der postkolonialen Staatenwelt aus erster Hand kennengelernt hatte. In einem ausführlichen Leserbrief an die »Frankfurter Allgemeine Zeitung«, den die Zeitung am 8. März 1963 abdruckte, resümierte Simson im Rückblick auf die zwölfte Generalkonferenz der Unesco im Jahre 1962 den »Strukturwandel« der Organisation, der sich »durch das Ende des Kolonialismus und das Mündigwerden insbesondere der jungen afrikanischen Staaten« ergeben habe. »Bildungshilfe« als Grundlage der Entwicklungshilfe sei die erste Forderung dieser Staaten nach ihrer Aufnahme in die Vereinten Nationen gewesen. Der Ständige Delegierte trat der im Bericht der F.A.Z. über die Generalkonferenz vertretenen Einschätzung entgegen, dass die Bildungsmission der Unesco deren »ursprüngliche Aufgabe der internationalen kulturellen Zusammenarbeit« vollständig zurückgedrängt habe. Gerade die Bildungsplanung verwirkliche »ja schon an sich die Begegnung und den Austausch zwischen den Kulturen, ihr gegenseitiges Verstehen, ihr Geöffnetsein füreinander, die das wesentliche geistige Merkmal unserer Epoche sind«. Mehr als von der F.A.Z. zugestanden dürfe »unsere Wissenschaft und Kultur« insbesondere »von dem Beitrag der Unesco zur Erschließung der afrikanischen Kulturen erwarten«.

Das Urteil des F.A.Z.-Berichterstatters Werner Bökenkamp, das wesentliche politische Ergebnis der Pariser Versammlung sei »der bedeutende Prestigegewinn, den Frankreich durch seine bewährte Phalanx geschickter Konferenz- und Kulturpolitiker errungen« habe, wies Simson nicht zurück. Insofern Bökenkamp beklagte, dass die Bundesrepublik »immer mehr in eine ganz untergeordnete Statistenrolle zu versinken« scheine, merkte Simson indes an, dass »Deutschland sich auf kulturellem Gebiet in der Familie befreundeter Staaten oft noch immer als Außenseiter fühlen« müsse. Ausdrücklich bezeichnete er diese Rahmenbedingung des Wirkens seiner Delegation als allgemein bekannt; ihren Grund musste er nicht nennen. Bökenkamp, Frankreichkorrespondent des Feuilletons der F.A.Z., der Louis-Ferdinand Céline übersetzte und 1964 das Buch »Frankreich: Maske und Gesicht« publizierte, hatte schon während des Krieges Präsenz in Paris gezeigt, als Deutschland die Hauptrolle und die Regie in der europäischen Kulturpolitik an sich gerissen hatte. Er war im besetzten Paris von 1941 an Mitarbeiter des Deutschen Instituts, das dem Auswärtigen Amt unterstellt war, und hatte 1940 in der Schriftenreihe »Frankreich gegen die Zivilisation« der Deutschen Informationsstelle I im Deutschen Institut für außenpolitische Forschung das Heft »Der französische Universalismus – ein Feind des Volkstums« veröffentlicht. 1943 übernahm er die Leitung der Zweigstelle des Deutschen Instituts in Marseille, 1944 wechselte er nach Lyon.

Vom 14. bis zum 17. März 1979 hielten die Deutsche und die Senegalesische Unesco-Kommission gemeinsam eine Konferenz in Dakar ab. Das Thema war »Die Rolle der Traditionen für die Entwicklung Afrikas«. Es handelte sich um das zweite einer Serie von Symposien, die dem Andenken von Leo Frobenius gewidmet war, dem deutschen Afrikaforscher und Begründer der von ihm als »Kulturmorphologie« bezeichneten Methode der Ethnologie. Das erste Frobenius-Symposium war 1973 zur Feier des hundertsten Geburtstags von Frobenius in der Hauptstadt der ehemaligen deutschen Kolonie Kamerun ausgerichtet worden, ebenfalls in der gemeinsamen Verantwortung der Unesco-Kommissionen der Bundesrepublik und des afrikanischen Partnerlandes. Im dreisprachigen Berichtsband des zweiten Symposiums wurde 1980 in Aussicht gestellt, dass »bald«, nicht erst nach weiteren sechs Jahren, eine dritte Konferenz im gleichen Rahmen zusammentreten werde, mit dem Thema »Museen in Afrika«. Dieses dritte Frobenius-Symposium hat offenkundig nicht mehr stattgefunden. Savoy lässt sich diese Pointe entgehen. Sie behandelt zwar das Symposium von 1979; der Name Frobenius kommt aber nur in der Bibliographie vor. 1973 hatte man in Yaoundé mit der Zusammenschau von »Perspektiven aktueller Afrika-Forschung« begonnen. Durch die enge Verbindung zwischen Wissenschaft und Kulturdiplomatie gab das auf periodische Wiederholung angelegte Tagungsprojekt der deutschen Afrikapolitik ein eigenes, ehrgeiziges Profil, fast im Sinne eines Nationalstils. Institutioneller Speicher dieses Geistes war das aus dem von Frobenius 1920 gegründeten, 1925 auf städtische Initiative nach Frankfurt verlegten Forschungsinstitut für Kulturmorphologie hervorgegangene Frobenius-Institut. Die vierzehn Vorträge für Yaoundé waren 1973 durch einen Wettbewerb ausgewählt worden, dessen Regeln man entweder als Ausdruck fortwirkender kolonialer Herablassung oder aber als Beitrag zur Entwicklungshilfe im Sinne der Hilfe zur intellektuellen Selbsthilfe einstufen kann: Nur Afrikaner durften teilnehmen.

Frobenius hatte in enger Verbindung mit einem besonders exzentrischen Mäzen und unfreiwilligen Privatgelehrten gestanden, dem gestürzten Kaiser Wilhelm II. Dass sich mehr als ein halbes Jahrhundert nach dem Ende des deutschen Kolonialreichs im Namen von Frobenius noch deutsches Prestige bewirtschaften ließ, beweisen in der Liste der Teilnehmer der Konferenz von Dakar, mit der nach dem Willen der Einladenden aus den Frobenius-Symposien eine »ständige Einrichtung« werden sollten, die beiden höchstrangigen Ehrengäste: Unesco-Generaldirektor M'Bow und, mit dem Titel des Präsidenten des Symposiums, Léopold Sédar Senghor, der Präsident des Senegal, der seit neunzehn Jahren an der Spitze des Staates stand, den er in die Unabhängigkeit geführt hatte. Savoy spekuliert, die »Anwesenheit des mittlerweile zur lebenden Legende aufgestiegenen« Senghor und des Unesco-Chefs, der unter Senghor Minister für Erziehung, Kultur und Jugend gewesen war, habe bewirkt, dass Simson sich nach seiner Rückkehr nach Berlin gegenüber dem »Tagesspiegel« in einem ganz anderen Ton zur Restitutionsfrage äußerte: Seine »Bonner Kommission« habe »Verständnis für die Wünsche der Entwicklungsländer, in die Industriestaaten verbrachte Kulturgüter wieder zurückzuerhalten«, und wolle »in deutschen Museen die Argumente der jungen Staaten Afrikas, Asiens und Lateinamerikas darlegen«. Von solchen Darlegungen hat Savoy in den von ihr und ihren Mitarbeitern eingesehenen Akten »keine Spuren« gefunden. Dass es Simson nicht ernst gewesen sei, schließt Savoy daraus, dass er davon abgesehen habe, »in seinem lokalen West-Berliner Umfeld in Sachen Restitutionen irgendeinen Schritt ohne enge Absprache« mit Werner Knopp, dem Nachfolger Wormits als Präsident der Stiftung Preußischer Kulturbesitz, zu tun. Allerdings dürfte sich für den Präsidenten der Unesco-Kommission die Abstimmung mit dem Chefverwalter der Staatlichen Museen zu Berlin aus der Natur der Sache ergeben haben, was immer er in der Sache erreichen wollte. Anders gesagt: Otto von Simson musste nicht auf den Gedanken kommen, den Savoy vier Jahrzehnte später in die Tat umsetzte – die öffentliche Brüskierung des Präsidenten der SPK war nicht unbedingt der einzige Weg, um einen Fortschritt in der Restitutionsdebatte herbeizuführen.

Die Erwägung, Simson habe sich unter dem Eindruck der persönlichen Begegnung mit den beiden senegalesischen Staatsmännern zur unbedachten

Artikulation einer restitutionsfreundlichen Position hinreißen lassen, unterschätzt das Ausmaß der Vorbereitung aller Gesprächskontakte in der professionellen Kulturdiplomatie. Schon 1975 hatte Simson in einem weiteren Leserbrief an die F.A.Z. den 1974 gewählten Unesco-Generaldirektor als »eine bedeutende Persönlichkeit Schwarzafrikas« gewürdigt. Die Eröffnungsrede, die Simson als Vizepräsident des Symposiums in Gegenwart des Staatspräsidenten in französischer Sprache verlas, war gewiss vor der Ankunft der deutschen Delegation in Dakar Wort für Wort ausgearbeitet worden. Eine lebende Legende, wie Savoy mit einem Anglizismus schreibt, war Senghor auch als Rhetor: ein Mann des lebendigen, aber in französischer Tradition absolut wohlformulierten Wortes. Er war 1968 mit dem Friedenspreis des Deutschen Buchhandels ausgezeichnet worden und hatte 1977 die Festrede zur Eröffnung der Salzburger Festspiele gehalten. Improvisation im Überschwang, wie sie in Präsident Macrons Rede 38 Jahre später in Ouagadougou dem Versprechen an die afrikanische Jugend Nachdruck verlieh, wird der deutsche Gelehrte im frankophonen Konferenzambiente nicht riskiert haben, seinen acht Jahren Übung im Verhandeln auf Französisch zum Trotz. Auch die von Savoy nach dem Abdruck der Rede im Berichtsband zitierten und als »starkes Statement« charakterisierten Worte Simsons dürften schon im Manuskript gestanden haben: Die Europäer hätten »den afrikanischen Völkern und dem afrikanischen Geist abscheuliches Unrecht zugefügt« und legten nun großen Wert auf die Wiederbelebung und den Schutz von deren »endogenen Traditionen«. Fast nimmt sich die Ansprache, die Simson laut Savoy »vor Hunderten afrikanischen Intellektuellen« vortrug, wie eine Vorwegnahme von Macrons Grundsatzerklärung in Ouagadougou aus, wie das Manifest von Deutschlands versäumter Wende.

Savoy bezeichnet den Vortrag des damals sechsundsechzigjährigen Kunsthistorikers als »pathetische Rede«. Das ist, wie üblich beim Gebrauch dieses Adjektivs im modernen Bildungsdeutsch, negativ gemeint. Pathetisches Auftreten, vermerkt das Historische Wörterbuch der Rhetorik, wird als Indiz für »künstlich erzeugte, nicht wirklich empfundene Affekte, oft geradezu für Unaufrichtigkeit und Heuchelei gesehen«; Pathos »hat aus dieser Sicht hauptsächlich Verhüllungs- und Verschleierungsfunktion, und die Aufgabe des Kritikers ist es, dies zu offenbaren«. In deutscher Sprache und vor heimischem Publikum soll Simson laut Savoy in gleicher Sache zwei Monate später ganz anders geredet haben, um seine Zuhörer nicht zu erheben, sondern zu erschrecken. Zur Eröffnung der Lindauer Tagung des deutschen Komitees von ICOM sprach er am 7. Mai 1979 über »Tradition und kulturelle Entwicklung – aus europäischer Sicht«. Dieses Referat war demnach angelegt als prägnantes Pendant zu den Beiträgen des zweiten Frobenius-Symposiums. Simson schlug in Savoys Ohren eine Tonlage der »angemaßten Objektivität und Affektlosigkeit« an, vermied mithin das Pathos (lateinisch *affectus*) und wählte für sein Gegenstück zu den Erkundungen in Dakar den seinem dortigen Duktus exakt entgegengesetzten Stil. Das Anti-Pathetische hatte bei Simson aber, wie die Kritikerin offenbart, erst recht eine Verhüllungsfunktion. Es ging ihm darum, »mit vor sich hergetragener Objektivität und Wissenschaftlichkeit neue Emotionen zu schaffen, ja Bilder in den Raum zu stellen, die im Publikum kaum etwas anderes als Furcht und Abscheu auslösen konnten«. Sehr großen Wert legt Savoy auf die in kurzem Abstand variierte Diagnose der Objektivität als Anmaßung, der Wissenschaftlichkeit als Statusdemonstration – man kennt es von Professoren, dass sie ihre Titel vor sich hertragen – im Dienst der Stimmungslenkung. Es ist wohl der Umstand, dass Wissenschaftsfunktionäre wie Simson und Auer sich jenseits ihres Fachgebiets bewegten, der Savoys Vorwurf angemaßter Wissenschaftlichkeit, also eines Gehabes auf der Grenze zur Scharlatanerie, begründet. Ausflüge ins Generalistische mit Vorträgen über die Tradition ganzer Kontinente gehören aber zur Rollenerwartung an solche Funktionäre.

Simsons angebliche Technik, durch die fingierte Affektlosigkeit seiner Weltlagebeschreibung die denkbar starken Affekte von Furcht und Abscheu hervorzurufen, illustriert Savoy mit diesem Satz aus dem Lindauer Vortrag: »Die Dritte Welt, in einer immer stärkeren und oft feindseligen Defensive gegenüber unserer Zivilisation, betrachtet die geistigen und kulturellen Werte der eigenen Tradition mit wachsendem Selbstbewusstsein als den unsere Gesellschaft beherrschenden Normen weit überlegen.« Savoy hört hier nur heraus, dass ein Universitätsprofessor Kollegen in ähnlich saturierter Stellung Angst um das Überleben des Westens einjagen wollte. Die von Savoy als unwiderstehlich gedachten Bilder kamen aus Teheran. Zwischen Simsons Rückkehr aus Dakar und der Tagung in Lindau hatte der iranische Revolutionsführer Chomeini am 1. April auf der Grundlage des Referendums über die Abschaffung der Monarchie vom 30. und 31. März die Islamische Republik ausgerufen; in den ersten Aprilwochen wurden mehrere Politiker und Generäle hingerichtet. Das alles hatten auch weltabgewandte Museumsleute vor dem Fernseher miterlebt. In seinem Verweis auf die neue *Terreur* konnte Simson auf die Einfühlung des engagierten Zeitgenossen zugunsten der Abstraktion des geschichtsphilosophischen Beobachters verzichten. »Denken Sie nur an die gegenwärtigen Vorgänge im Iran: Der Hass auf alles Westliche, die Hinwendung zum Islam, dessen Renaissance überhaupt eines der bedeutungsvollen Phänomene unserer Zeit ist, und auch die Abscheu erregenden Geschehnisse in diesem Land scheinen letztlich begründet zu sein, vielleicht sollte ich sagen, in der Dialektik von Tradition und Entwicklung.« Der von der Dritten Welt bedrohte und ideell herausgeforderte Westen soll nichts Materielles herausgeben: Diese Botschaft entnimmt Savoy dem Vortrag. Aber hatte Simson wirklich die Absicht, eine geistige Mauer zu errichten? Zwar benannte er Abscheu ausdrücklich als quasi natürliche Reaktion ausländischer Beobachter auf die revolutionäre Gewalt in Teheran. Aber er ordnete die gerade geschehende Islamische Revolution mit Hilfe derselben Prozessbegriffe in die Weltgeschichte ein, die im Vortrag der Selbstdeutung derjenigen Welt dienten, die Simson mit einer damals wohl schon etwas altmodisch klingenden, in Deutschland sehr lange mit dem romanischen Westeuropa assoziierten Vokabel »unsere Zivilisation« nannte. Mit der Dialektik von Tradition und Entwicklung kann sich der Westen auch die Welt seiner Gegner erklären.

Auch in der Eröffnungsrede in Dakar hatte Simson die Renaissance des Islam als bedeutungsvolles Phänomen der Zeit angesprochen, freilich als die eine Seite einer allgemeinen Renaissance der großen Weltreligionen, die in den Augen des Redners auf der anderen Seite auch die christlichen Kirchen erfasste und auf kleinere Religionen ausstrahlte, »obskure Kulte«, die auf »ein neues und mächtiges religiöses Bedürfnis« antworteten. Ausdrücklich wertete Simson, der 1937 vom Protestantismus zum Katholizismus konvertiert war, die Hinwendung zur Religion, eingeschlossen das Erstarken des Islam, als eines der ermutigenden Zeichen der Zeit.

Dem Leser von Savoys Buch vermittelt sich der Eindruck, dass Simsons dem Wortlaut nach starkes Statement über das von den Europäern an den afrikanischen Völkern verübte Unrecht nur ein Dokument des Opportunismus gewesen sei oder bestenfalls ein Zeugnis momentaner, folgenloser Ergriffenheit. Sie lässt das Adjektiv »abscheulich« (ihre Übersetzung für »atroce«) unkommentiert, wie eine beliebige pathetische Phrase, obwohl Simson es in ihrer Lesart in Lindau darauf angelegt haben soll, in seinen Zuhörern Abscheu über alle dem Westen selbstbewusst gegenübertretenden kulturpolitischen Akteure hervorzurufen. Man kommt durch die von Savoy ausgewählten Zitate aus der Rede in Dakar nicht auf den Gedanken, dass Simsons am Anfang der Rede ausgesprochenes Schuldbekenntnis eingebettet war in einen kulturphilosophischen Gedankengang radikaler Selbstkritik des Westens. Wenn die Rede pathetisch war, gilt das auch für ihren Gehalt: Dem hohen Ton entsprach die Hochebene der welthistorischen Betrachtung. Der kulturkritisch generalisierende Zugriff auf das Konferenzthema wurde dem deutschen Co-Leiter des Symposiums in doppelter Weise durch den Rahmen der Veranstaltung nahegelegt: einmal durch die ideelle Schirmherrschaft des jungen disziplinären Klassikers Frobenius, für den seine morphologische Methode auch ein Instrument der Zeitkritik und Selbsterforschung gewesen war, und zum anderen durch die tatsächliche Schirmherrschaft des anwesenden Staatspräsidenten des Senegal. Senghor war bei seinem ersten Besuch in Frankfurt 1961 mit der Frobenius-Medaille ausgezeichnet worden, hielt in der Folgezeit den Kontakt mit dem Frobenius-Institut aufrecht und bezog sich in seinen Schriften auf den von Frobenius geprägten Begriff der »Kulturseele« als Inspiration seiner eigenen antikolonialistischen idealistischen Kulturtheorie.

Simson sprach Senghor über weite Strecken seiner Rede direkt an und erwies dem Gastgeber die Ehre, seine Gedanken als Variationen von dessen Konzept der Négritude zu entwickeln. Ein Leitbegriff von Savoys kleinteilig mit Aktenzitaten belegter, aber groß entworfener Erzählung von der versäumten Chance des Nord-Süd-Dialogs in der Anfangszeit der Unabhängigkeit der afrikanischen Staaten stammt aus dem Sprachhaushalt der Epoche, von der die Erzählung handelt: der Humanismus. 1979, so stellt Savoy eingangs des diesem Jahr gewidmeten Kapitels fest, verkümmerte in den »intellektuellen Eliten unlängst dekolonisierter Staaten« die Hoffnung, dass die einstigen Kolonialmächte fähig seien, den ärmeren Nationen »mit humanistischem statt juristischem Gestus zu begegnen«. Stil und Inhalt von M'Bows Rede an die Weltöffentlichkeit aus dem Jahr 1978 ordnet Savoy »der Tradition eines eleganten Humanismus« beziehungsweise einer »tief humanistischen Gedankenwelt« zu. Im Rückblick ist es ein schlechtes Zeichen, dass »die Journalisten«, die 1978 über die

Initiative des Generaldirektors berichteten, »auffällig häufig den humanistisch-postkolonialen Kern von M'Bows Appell« übergingen, »indem sie die historische Tiefe seiner Ausführungen ausblendeten«. Der Gegensatz von Humanismus und Recht durchzieht Savoys Darstellung: Von den deutschen Museumsdirektoren wurden »kulturell und humanistisch begründete Restitutionsforderungen aus Afrika«, so fasst die Autorin ihre Ergebnisse zusammen, »juristisch zurückgewiesen«. Simsons Rede in Dakar, in der er M'Bow und der Unesco Dank dafür abstattete, durch die Ausrichtung der Arbeit der Organisation an »intellektuellen Kriterien« den freien Austausch von Ideen ermöglicht zu haben, kreiste um den Begriff des Humanismus. Den Gegenstand der Beratungen der Konferenz wie der Begegnungen, die den Besuchern aus Europa bevorstanden, bestimmte Simson als ein »patrimoine humaniste et culturel«, das die Europäer erst im 20. Jahrhundert kennengelernt hätten und noch nicht bei früheren, auf ihrer Seite von Unrecht geprägten Kontakten, weil sie vor lauter Vorurteilen blind gewesen seien.

Auch diese Vision eines plötzlich sichtbar gewordenen Kulturerbes hat einen humanistisch-postkolonialen Kern. Simson fixierte den zeithistorischen Moment als Horizont des Tagungsgeschehens: »Unser Jahrhundert hat die Befreiung Schwarzafrikas gesehen.« Und dieses Ereignis, verstanden nicht nur als ein Datum der politischen Geschichte, sondern als ein geistiger oder sogar geistlicher Prozess, sollte nach der Vorstellung des Redners auf die Zuschauer zurückwirken und sich fortsetzen in der »Befreiung der europäischen und westlichen Zivilisation«. Diese geschichtsphilosophische Umkehrungsfigur diente dazu, die Gleichwertigkeit der Gesprächspartner und die Wechselseitigkeit ihrer Beziehungen zu beschwören. Die materielle Benachteiligung der afrikanischen Seite konnte rhetorisch transzendiert werden. Afrika, stellte Simson fest, brauche unsere Technologien. Aber diese Entwicklungshilfe sollte sozusagen honoriert werden mit geistiger Entwicklungshilfe oder vielleicht sogar besser gesagt Rückentwicklungshilfe, da Simson die »Renaissance religieuse« und die »Renaissance de la ›négritude‹« als gleichartige Erscheinungen hinstellte. Das Jahr 1979 ist in der Historiographie unlängst als Epochenjahr beschrieben worden, in dem sich nicht nur politische Ereignisse beschleunigten, sondern auch intellektuelle Trends kreuzten. Simson machte beim afrikanisch-deutschen Geistesgipfeltreffen den Materialismus als gemeinsamen Feind Afrikas und Europas aus. Die »alte europäische Zivilisation« werde »bedroht durch den ideologischen Materialismus einerseits und den Materialismus der industriellen Produktion andererseits«. Über die ideologische Spielart musste sich der Redner im fortgeschrittenen Kalten Krieg mit seinen Stellvertreterkriegen im nachkolonialen Afrika nicht weiter auslassen. Bemerkenswert mag dagegen erscheinen, dass er nicht etwa den Rückgang der Industrieproduktion – 1979 gewann Margaret Thatcher ihre erste Wahl – als bedrohlich bewertete, sondern deren Überhandnehmen, die Herrschaft des »Kalküls«, das Simson gemäß den Routinen kulturkritischer Schwarzzeichnerei mit dem »abstrakten Denken« koppelte.

Zwar redete der Abgesandte des bundesdeutschen Kulturstaats nicht der Deindustrialisierung das Wort, aber wenn die Geschichte nach ihm ging, sollte »unsere industrielle Zivilisation« von den »Werten« der Négritude »profitieren«, um sich »die tiefsten Ressourcen des Humanismus und der Spiritualität« wieder zu erschließen. Auch dieses Konzept der Kulturentwicklungsarbeit auf Gegenseitigkeit hat historische Tiefe, die Simson im feierlichsten Moment der Rede mit einem Zitat des vor ihm sitzenden Staatspräsidenten ausmaß, entnommen dem ersten Band von Senghors gesammelten Vorträgen, auf dessen Titel er schon angespielt hatte: »Négritude et humanisme«. Mit Recht berühmt sei dieser Aphorismus Senghors, von dem Simson die Brücke zu Frobenius schlug: »Die europäische Vernunft ist analytisch durch Benutzung, die schwarze Vernunft ist intuitiv durch Teilhabe.« So erklärt sich der Titel der Rede: »Nous désirons participer à votre liberté«. Im Druck steht der Titel zwischen Anführungszeichen, im Unterschied zu den Überschriften der folgenden Beiträge, angefangen mit der Begrüßungsansprache des Unesco-Generaldirektors, über die M'Bow einen Infinitiv als Imperativ setzte: »Rompre avec le cercle vicieux«. Die Anführungszeichen bei Simson markieren kein Zitat im Sinne einer Klassikerreferenz. Ein Zitat aus dem Text steht über dem Text, ein Selbstzitat: Es gilt das gesprochene Wort, das Wort, das Simson in den Saal mit Senghor und M'Bow in der ersten Reihe gesprochen hat.

Savoy übersetzt: »Wir möchten zu Eurer Freiheit beitragen«. Man scheut sich, der Französin einen Übersetzungsfehler vorzuhalten, aber diese Eindeutschung ist irreführend. Wir möchten zu Eurer Freiheit beitragen: In dieser verballhornten Fassung klingt das Versprechen nach großzügiger Herablassung, dem üblichen wohlmeinenden Paternalismus der früheren Kolonialherren beziehungsweise ihrer seinerzeitigen Rivalen. Den Afrikanern wird die Befähigung zur Freiheit zwar nicht mehr bestritten, aber sie brauchen wohl Unterstützung beziehungsweise können sie jedenfalls gut gebrauchen. Aber »participer à« heißt teilnehmen an, teilhaben an oder einfach teilen: prendre part, collaborer, partager. Die Europäer, für die der deutsche Wissenschaftsfunktionär in der ersten Person Plural spricht, wollen keinen Teil mehr von dem, was die Afrikaner haben, nehmen auch nicht Anteil als Besitzende, die leicht abgeben können. So frei, wie die Afrikaner schon sind, wollen Simsons Europäer erst noch werden, nach der Art der Afrikaner und gemeinsam mit ihnen. Das Senghor-Zitat beweist: Teilhabe ist hier nicht gedacht als Alternative zur Aufteilung, Zugeständnis des Überlegenen und Kondominium zur Verewigung der Abhängigkeit wie im späteren Schlagwort vom »shared heritage«, dem Savoy mit guten Gründen misstraut. In der Philosophie Senghors ist »participation« der grundlegende Modus und die elementare Operation der afrikanischen Kultur. Der Satz über die Opposition zwischen europäischer und afrikanischer Vernunft stammt aus dem Aufsatz mit dem Titel »L'esthétique négro-africaine«, den Senghor 1956 veröffentlichte. Im Schlussabschnitt der Rede legte Simson diesen Begriff paraphrasierend aus: »In der schwarzafrikanischen Ästhetik sind Ihnen zufolge die Kunst und die Literatur in das soziale Leben integriert.« Simson hob das Geregelte des Lebens im Zeichen dieser Ästhetik der Partizipation hervor, die Bedeutung des Festes und insbesondere der Initiation, der feierlichen Einführung in die lebendigen Formen.

Dem Denker der Schwarzheit oder des Schwarzseins, der seine Lehre auch als Dichter beglaubigte, schmeichelte Simson mit einer Anekdote: Zwei Tage vor dem Beginn der Konferenz war er noch in Köln gewesen. Er besuchte eine »großartige Ausstellung mittelalterlicher Kunst« – und dort kam ihm Senghors Buch in den Sinn. Es muss die legendäre Ausstellung »Die Parler und der schöne Stil« des Museums Schnütgen in der 2002 abgerissenen Josef-Haubrich-Kunsthalle gewesen sein, die am 18. März 1979, einen Tag nach dem Ende des Symposiums, ihre Pforten schloss. In den letzten Öffnungstagen drängte sich, wie Simson in Dakar erzählte, noch einmal eine »gewaltige Menschenmenge« vor den Werken der Bildhauerfamilie im Umkreis des Hofes von Kaiser Karl IV., und der gelehrte Augenzeuge meinte sich dafür verbürgen zu können, dass nicht allein Neugier der Antrieb dieser Menge war. Die Besucher benahmen sich, als wären sie gar nicht im Museum, als erwarteten sie Wunder vom Anblick der ihnen vorher vermutlich gar nicht bekannten Werke. Es war, als wäre die Säkularisierung oder, wie Simson vorher in der Sprache der religiösen Weltsicht gesagt hatte, die Profanierung des sozialen Lebens, durch welche sich laut Simson Europa von Afrika und damit auch die Geschichte der europäischen vom Schicksal der afrikanischen Kunst unterschied, für einen Moment rückgängig gemacht worden, im Enthusiasmus der Partizipation. Wenn Simson sich in Dakar ebenso allgemein wie bestimmt über den Sinn der afrikanischen Kunst und ihre Bedeutung für die Welt äußerte, so folgte er dabei nicht nur der Autorität der schwarzafrikanischen Ästhetik, die Senghor in der Sprache seiner europäischen philosophischen Studien ausgearbeitet hatte; er ließ sich auch von der Analogie zur Kunst des christlichen Mittelalters leiten, die er selbst erforscht und in Büchern für ein allgemeines Publikum dargestellt hatte.

Simsons Referat in Lindau lief auf eine historische Einordnung der »Forderung nach Restitution, richtiger gesagt nach Rückkehr von Kunstwerken und Kulturgütern« hinaus, die diese Forderung seinen Kollegen aus ihrer eigenen geistigen Herkunftswelt plausibel machen sollte. Dahinter »steht ein Verhältnis zur Kunst der eigenen Vergangenheit, das sich wenig oder gar nicht mit unserem weitgehend verwissenschaftlichten Kunstverständnis vergleichen lässt und viel eher – so seltsam das zunächst klingen mag – mit dem der Romantik und der Renaissance«.

Hinter den öffentlichen Äußerungen des Kulturfunktionärs Simson in der Diskussion über die Wünschbarkeit von Restitutionen, die der Appell des Unesco-Generaldirektors auch in Deutschland auslöste, stand also ein Komplex voraussetzungsreicher Gedanken des Kunsthistorikers Simson über die Funktion der afrikanischen Kunst, damit aber auch der Zweckbestimmung des Eigentums an ihren Werken. In »Afrikas Kampf um seine Kunst« kommen diese Gedanken eines der einflussreichsten Ansprechpartner von M'Bow nicht zur Sprache. Sofern man den im Buch zitierten Bruchstücken von Simsons Rede in Dakar Spuren davon ablesen könnte, hat Savoy sie durch die falsche Übersetzung des Titels verschüttet. An der afrikanischen Freiheit teilhaben zu wollen: Die von Simson in Dakar im deutschen Namen abgegebene überschwängliche

Absichtserklärung war mehr als eine handelsübliche Übertreibung im Zuge diplomatischen Werbens um Wohlwollen und hätte ebenso einfach wie wirkungsvoll in Handeln umgesetzt werden können durch Eingehen auf M'Bows Initiative. In Kenntnis von Simsons kunstgeschichtsphilosophischem Konzept wiegt es eigentlich noch schwerer, wenn er nach seiner Rückkehr aus dem Senegal ausweislich der von Savoy eingesehenen Akten nichts für die Wiedergutmachung der europäischen Ungerechtigkeiten gegenüber dem afrikanischen Geist unternahm. Allerdings hatte er auch aus seiner Kölner Epiphanie nicht geschlossen, dass die Altarbilder und Heiligenstatuen am besten aus den Museen in die Kirchen zurückverbracht werden sollten, um der Renaissance der Religion den vielleicht entscheidenden Auftrieb zu geben. Für Savoys Zwecke ist Otto von Simson kein besonders interessanter, geschweige denn rätselhafter Fall. Sie unterstellt den Museumsbeamten und deren institutionellen Verbündeten ein durchgreifendes Interesse an der Bestandswahrung; die psychologische Betrachtung kann sich dann auf die Bilanzierung der Kosten der bei dieser Einstellung unvermeidlichen Unwahrhaftigkeiten beschränken. Dass das Erlebnis von Dakar bei Simson »eine innere Bekehrung« ausgelöst haben könnte, stellt Savoy eher halbherzig als denkmöglich in den Raum. Sie verfolgt diese Erwägung nicht weiter, weil die Bekehrtheit nur ein vorübergehender Zustand gewesen wäre.

Sie sagen die Wahrheit oder sie lügen, sie glauben an Restitution oder nicht: Über diesen mechanischen Dualismus gelangt Savoy in ihrer Sicht der Innenseite des Handelns der mit den Rückgabeforderungen befassten Personen nicht hinaus. Dass es in der Maximenbildung eines Mannes wie Otto von Simson einen Widerstreit der Intuitionen gegeben haben könnte, ein Spannungsverhältnis professioneller und moralischer Interessen und Stimmungen, findet in der aktenmäßigen Darstellung keinen Niederschlag. Der Beitrag des Buches zur Aufklärung der heutigen Restitutionsdebatte über ihre geschichtlichen Bedingungen wird dadurch eingeschränkt. Vorenthalten wird dem Leser der Hinweis auf das Nachleben beziehungsweise die Wiederkehr von Denkmustern, eine besondere Eigenart von Restitutionsdebatten wegen ihrer Fixierung auf ein exakt datierbares ursprüngliches Unrecht: Alle Begriffe dieser Debatten haben notwendig etwas von Rückgriffen. Die afrikanische Kunst ist integraler Teil des gesellschaftlichen Lebens, empfängt ihren Sinn im kollektiven Gebrauch, aus dem gemeinschaftlichen Ganzen einer Praxis, an der die analytischen Unterscheidungen westlicher Kunstgeschichte vorbeigehen. Dieser Grundgedanke von Otto von Simsons rhetorischer Hommage an Léopold Sédar Senghor und Leo Frobenius ist auch das kunstsoziologische Fundament des Unternehmens großflächiger Restitution, das Bénédicte Savoy und Felwine Sarr propagieren. Besonders plastisch wird dieser Ideenkonnex in der Vorstellung, dass den in den europäischen Museen als Kunstwerke katalogisierten Objekten nach der Rückverbringung nach Afrika ihre »Resozialisierung« bevorstehe. Sarrs Konzept der »Afrotopia«, das Postulat eines utopischen Potentials von Denkarten und Lebensformen, die für den ganzen Kontinent charakteristisch sein sollen, will die Phantasie der Afrikaner von den Fesseln der von den Kolonialherren hinterlassenen Nationalstaaten befreien und steht in der Tradition der Philosophie der Négritude, deren »Kulturbegriff« Simson in seinem Referat in Lindau auch in der »Kultur- und Wissenschaftspolitik« des Unesco-Generaldirektors M'Bow wiederfand. Simson berichtete den deutschen ICOM-Vertretern von einem Erlebnis bei seinem Besuch in Dakar. Ein »junger Forscher, ein Schwarzer«, führte ihn durch das Afrika-Museum und erklärte die Objekte, vor allem die Masken, »aus den Mythen seines Volkes«, die ihm »vollkommen gegenwärtig« erschienen. Am Ende des Vortrags stand eine Voraussage: »Manches, was heute in den Depots unserer ethnologischen Sammlungen verstaubt, könnte bei der Rückkehr ins Ursprungsland eine wunderbare Metamorphose erleben.«

Würde Savoy in ihrem 1993 verstorbenen Berliner Fachkollegen einen verhinderten Vorläufer jedenfalls in der Sphäre des kulturpolitischen Gedankenspiels erkennen, dem es vielleicht an ihrem Talent zur absoluten moralischen Entschiedenheit gebrach, dann könnte sie sich dem romantischen Anteil am eigenen Projekt stellen, dessen Programmatik immer noch am überzeugendsten klingt, wenn sie auf Kongressen der global engagierten Kulturvermittler vorgetragen wird, zu denen abgebrühte Berufsoptimisten zusammenkommen.

Nachrichten von der Blitzröhre

Autobiographie und Weltgeschichte

WANN kam Bénédicte Savoy an ihr Thema? Sie war sechs Jahre alt. So hat sie es 2019 im Rautenstrauch-Joest-Museum in Köln in einem Vortrag erzählt, der im selben Jahr als reich illustriertes Büchlein mit dem Titel »Museen. Eine Kindheitserinnerung und die Folgen« gedruckt wurde. Die folgenreiche Kindheitserinnerung ist natürlich kein konventioneller Trigger einer Erfolgsgeschichte erfüllter bildungsbürgerlicher Aspiration, wie sie ähnlich situierte Kollegen vielleicht zum Dank für die Aufnahme in eine Akademie oder die Einladung in ein Fernsehstudio aufblättern würden. Bénédicte Savoy ist nicht deshalb Kunsthistorikerin geworden, weil sie als Lehrertochter in Paris aufwuchs, in einer Wohnung in Saint-Germain-des-Prés mit den Großeltern in der Wohnung darüber, und das Glück hatte, schon sehr früh in die ganz großen Museen mitgenommen zu werden. Im Vorübergehen ist in dem autobiographischen Vortrag auch von diesem von Erwachsenen dirigierten Kindheitsritual die Rede, ausführlicher von unbegleiteten Expeditionen, welche die Gymnasiastin und ihre Mitschüler in ungeplanten Freistunden ins Centre Pompidou unternahmen. In diesem transparenten Tempel der modernen Kunst fanden sie mit Vorliebe Unterschlupf in separaten Kunstkammern, Mustern der Gattung Environment, geschaffen von Meistern wie Jean Dubuffet und Joseph Beuys. »Wir waren noch halbe Kinder und irrsinnig offen, wir hockten in diesen Werken und gingen in ihnen auf.« Im Schutz dieser besonderen Museumsräume konnten sie das Nachdenken über die Schutzbedürftigkeit von Menschen und Dingen aufschieben.

Schon Jahre vorher hatte sich die Konfrontation mit den Informationen aus der Museumswelt ereignet, die Bénédicte Savoy später am Konzept der musealen Schutzpflicht für das vom Staat angehäufte Kunsteigentum zweifeln ließen. Der Schauplatz dieser einmaligen, die Routine des Hineinwachsens in die Wertschätzung der kulturellen Umgebung unterbrechenden Kindheitserinnerung war das Gehäuse der Familie, die mit den Eltern geteilte Wohnung. Am 19. Juni 1978 berichtete die Hauptnachrichtensendung von TF1, dem ersten Programm des staatlichen Fernsehens, über den Aufruf von Unesco-Generaldirektor M'Bow zur Repatriierung außereuropäischer Kunstwerke und über die Reaktionen der französischen Öffentlichkeit darauf. In Köln sagte Savoy, sie sei sicher, dass sie als Sechsjährige diese Ausgabe der Nachrichten gesehen habe, auch wenn sie es nicht beweisen könne. Diese Sicherheit ergab sich nicht daraus, dass die im Archiv der Fernsehanstalt erhaltene Aufzeichnung beim

Abspielen in ihr die Erinnerung ausgelöst hätte, genau diese Folge der Nachrichtensendung damals gesehen zu haben. Savoy erschloss ihre Augenzeugenschaft vielmehr aus dem geregelten Ablauf des Familienlebens in ihrem bürgerlichen Haushalt. An jedem Abend der Woche versammelten sich die Eltern mit Tochter und Sohn um 20 Uhr vor dem Fernsehgerät, um die Nachrichten des ersten Programms mit dem Moderator Roger Gicquel zu sehen, und so müsse es deshalb auch am 19. Juni 1978 gewesen sein.

Bei der Kindheitserinnerung, die den Ausgangspunkt und die Grundlage von Savoys autobiographischem Bericht bildet, handelt es sich also in einem bestimmten, nämlich methodisch kontrollierten Sinne um ein Element der Fiktion. Zur forensischen Routinearbeit der Geschichtswissenschaft gehört der Schluss, dass ein einzelnes, als solches weder schriftlich noch mündlich dokumentiertes Ereignis tatsächlich stattgefunden hat, wenn es sich um eine wiederholte Verrichtung handelt, deren Termine feststanden. Extreme Musterfälle sind die Tages- und Nachtordnungen geschlossener Gesellschaften des gemeinsamen Lebens wie Kloster und Gefängnis. Savoy ging hier indes einen Schritt weiter, indem sie neben dem äußeren Ereignis der Rezeption der täglichen Nachrichtenzusammenfassung ein dadurch ausgelöstes inneres Geschehen postulierte. Die Sendung, die sie nicht verpasst haben kann, sollte eigentlich eine Spur in ihrem Gedächtnis hinterlassen haben. Aber warum soll das für ein ganz bestimmtes Segment der Sendung vom 19. Juni 1978 gelten, wenn doch an jedem Wochentag in einer Kette von mehr oder weniger gleich langen Kurzbeiträgen mit Filmeinblendungen über mehr oder weniger gleich wichtige Neuigkeiten berichtet wurde?

Savoy untersucht das knapp vierminütige Video mit der von Kunsthistorikern trainierten Aufmerksamkeit für das Detail, das erst zum Sprechen gebracht werden muss, weil die Künstler in manchen Gattungen oder Epochen die Symbole besonders gut verkleidet oder versteckt haben. Bedeutsam erscheinen Savoy an der Sequenz aus dem linearen Fernsehen die unwillkürlichen Arabesken in Gicquels Präsentation des kunstpolitischen Streitfalls. Der Moderator ist gewöhnlich die Souveränität in Person: »Er war die Stimme Frankreichs.« Diesmal unterläuft ihm gegen Ende des Beitrags ein Versprecher, und schon am Anfang »unterstreicht« der Welterklärer, »dessen Hände sonst ruhig auf dem Tisch liegen«, seine Worte »mit einer seltsamen Handbewegung in der Luft, abwiegelnd, vertuschend und beschwichtigend zugleich«. Die Unterstreichung gilt der Mitteilung, dass die Länder, für die sich der Unesco-Generaldirektor verwendet, ihre Kunstschätze »unter historischen Umständen verloren haben, die man besser nicht allzu genau beschreibt«.

Im rekonstruierten Erinnerungsbild aus dem Wohnzimmer der Familie Savoy repräsentieren die

Eltern das Publikum, auf das Gicquel seine Botschaften zuschnitt. Sie wussten, dass man die von ihm erwähnten historischen Umstände nicht zu genau beschreiben durfte und nicht zu genau beschreiben musste, weil sie noch nicht lange historisch waren. Das Ende der Kolonialherrschaft mit der Abtrennung Algeriens und der dadurch ausgelösten französischen Staatskrise lag 1978 noch keine Generation zurück. »Den Erwachsenen unter uns reichte der knappe Hinweis, sie wussten Bescheid. Für uns Kinder bedeutete der Satz nichts. Danach kam die Werbung, dann ging man ins Bett.« So verblieben die Kinder im Stand der Unschuld. Bénédicte Savoys Bruder war noch einmal zwei Jahre jünger als sie. Auch täglicher Heimunterricht in geschehender Geschichte hatte die Geschwister noch nicht dazu befähigt, etwas »von diesem Satz und dieser Geste« zu verstehen, »diesem expliziten Aufruf zum Nichtwissensollen und Nichtwissenwollen«, den »ein gestisches ›Schwamm drüber‹« verdoppelte – obwohl doch auch die nonverbale Sprache von Eltern gegenüber Kindern Zeichen dafür enthält, dass etwas lieber nicht mehr besprochen werden soll und dann auch nicht so schlimm ist.

Die sogenannte Kindheitserinnerung erweist sich als paradoxe Größe. An etwas, das für sie nichts bedeutete, konnte Bénédicte Savoy sich wohl nicht erinnern. Aber just diese Unbefangenheit prädestinierte sie dazu, es zu ihrer Lebensaufgabe zu machen, genau und im Zweifel lieber zu genau die Umstände zu beschreiben, unter denen Frankreich das Kulturerbe seiner Kolonien zuerst ins sogenannte Mutterland geholt und dann nach der Entlassung der Kolonien in die Unabhängigkeit behalten hatte. 1978 waren nicht nur die Rückgabeforderungen Thema in den Fernsehnachrichten, sondern dank Gicquels ostentativ gewundener Ausdrucksweise und Körpersprache auch die Verdrängung der Forderungen – und dann begann die Verdrängung von neuem. Wie ist dieses Teufelskreismuster einer im Keim erstickten Aufklärung zu erklären? Savoy schlägt eine frappante Metapher als Lösung des Rätsels vor. Bei dem Wissen um die Herkunft der Weltkunstsammlungen handelt es sich um ein »Familiengeheimnis«.

Das Wissen um das Unrecht des Erwerbs des Kulturerbes ist geteiltes Wissen der Miterben und wird deshalb unter der Decke gehalten. In Savoys Szene aus der eigenen Familiengeschichte ist die kleine Gemeinschaft vor dem Fernseher in dieser Beleuchtung kein unbeteiligtes oder nur wegen Zugehörigkeit zur Bürgerschaft oder zur Menschheit zur Beteiligung aufgerufenes Publikum. Mit der Kulisse ist eine sittliche Welt gegeben, ein Milieu im Sinne eines moralischen Ambientes. Savoy lädt ihre Leser ein, sich das System der vielfältig verschränkten Wahrheitsfragen, Rechtsprobleme und Geltungsansprüche, die im Zuge der Untersuchung musealer Provenienzen Thema werden, nach dem Modell der bürgerlichen Familie vorzustellen, eines moralischen Mikrokosmos, der aus den genauen Beschreibungen der erzählenden Künste des Realismus vertraut ist, zunächst des Romans, später auch des Kinos.

Sowohl die Modalitäten der Anhäufung des Museumsbesitzes als auch die Herausforderungen der Aufteilung des Kulturerbes veranschaulicht Savoy in ihren Vorträgen regelmäßig durch Vergleiche mit dem Familienleben; wenn sie den Großonkel in unsoliden häuslichen Verhältnissen als Paradefall des notorischen Familiengeheimnisses anführt, sieht sie allerdings davon ab, dass Familienchroniken solche Familienmitglieder als schwarze Schafe führen, während nach den Prämissen ihrer Unkulturgeschichte asymmetrischer Machtverhältnisse kein einziger Kolonialbeamter oder Expeditionsreisender mit weißer Weste aus Afrika heimgekehrt sein kann. Das Unrecht des Raubs versucht sie dadurch plastisch zu machen, dass sie die Opfer als Familien identifiziert. Selbst wenn man in Rechnung stellt, dass im französischen Bürgertum die Verbindungen zwischen den Generationen und zu ferneren Verwandten stärker kultiviert werden als in Deutschland und der Begriff der Familie in Savoys Ohren daher wohl nicht automatisch die Kleinfamilie evoziert, überrascht, dass sie zur Bezeichnung der durch Ausplünderung in ihrer Fortexistenz gefährdeten Personenverbände ausschließlich das Wort »Familie« verwendet, als wäre damit eine überhistorische Kategorie gegeben.

Eigentlich spielt sie durch diese terminologische Angleichung europäischer und afrikanischer Verhältnisse die Bedeutung der entwendeten Erinnerungsstücke sogar herunter, weil sie nicht die Möglichkeit anspricht, dass Dinge Verwandtschaft stiften. Die Affäre des Großonkels als Inbegriff des Unaussprechlichen deutet an, dass die vorausgesetzte geteilte Hintergrundvorstellungswelt großbürgerlich ist; Geld und Platz für die gesichtswahrende Entschärfung von Konflikten sind dort wohl immer vorhanden, anders als in der Welt, von der und aus der heraus Annie Ernaux spricht. Sind alle Königsmasken und Tierstatuetten der weiten Welt Äquivalente der Familienporträts und Kleinplastiken in Pariser Etagenwohnungen? Diese Vorstellung schränkt die durch Resozialisierung der Objekte aufzuschließenden Spielräume traditionsgeleiteter Praxis ungebührlich ein. Der Sinn von Savoys Sprachgebrauch ist freilich eindeutig: So einfach wie möglich soll Anteilnahme erzeugt werden. In der Familie wird nun einmal Solidarität eingeübt. Die Sentimentalität ist deshalb seit dem 19. Jahrhundert so etwas wie die Muttersprache aller humanitären Kampagnen: Kriegsherren und Ausbeuter werden angeklagt, Familien auseinanderzureißen und in den Ruin zu treiben.

Im Frühjahr 2023 zeigte sich die deutsche Öffentlichkeit kurzzeitig bestürzt über die Nachricht, dass der Präsident von Nigeria kurz vor dem Ende seiner

Amtszeit sämtliche von Deutschland übereigneten oder zur Übereignung an Nigeria bestimmten Benin-Bronzen seinerseits dem Oba von Benin überschrieben hatte, dem Nachfolger des 1897 von den Briten abgesetzten und in die Verbannung geschickten Königs. Auch nach den öffentlich nicht ausgesprochenen Vorstellungen der deutschen Seite sollten die aus deutscher Obhut entlassenen Hofkunstgegenstände mindestens zu größeren Teilen nach Benin City zurückkehren. Allerdings gingen die deutschen Verhandlungspartner davon aus, dass die Aufteilung des restituierten Bestandes unter Befriedigung konkurrierender Ansprüche aus der nigerianischen Zivilgesellschaft Sache der staatlichen Museumsverwaltung sein werde. In einem Vortrag in der Heinrich-Böll-Stiftung, der Parteistiftung der Grünen, hatte Savoy am 18. Mai 2021 ihr Bedauern darüber kundgetan, dass man in Deutschland afrikanische Familien als Anspruchsteller noch nicht zu akzeptieren bereit sei. Im gleichen Sinne hatte sie sich zwei Monate vorher im »Spiegel« geäußert: »Heute hat Deutschland kein Problem mehr damit, ein Werk an eine jüdische Familie direkt zurückzugeben, an eine afrikanische aber schon. Auch darüber sollten die Europäer einmal nachdenken.«

Dieses Werben für die Eröffnung privatrechtlicher Restitutionswege widersprach dem von Savoy und Sarr im Bericht an Macron gemäß den Auskünften der von ihnen konsultierten Rechtsexperten niedergelegten Rat, dass der abgebende Staat sich an den Staat halten solle, in dessen Territorium der Herkunftsort der Objekte heute liege. Abgesetzte Königsfamilien als wohlhabende Familien unter anderen zu behandeln, unter großzügiger Einräumung der Möglichkeit, Zeichen ihrer einstigen Herrschaft als Symbole ihres neuen Status an sich zu nehmen: Das ist zwar auch der Weg gewesen, auf dem der deutsche Staat nach 1918 die entthronten Fürsten und deren verbliebene Getreue mit den republikanischen Verhältnissen versöhnen wollte. Die Verbürgerlichung der afrikanischen Dynastien lenkt jedoch gerade von der politischen Bedeutung der erbeuteten Hofkunstobjekte ab, die als ein wesentlicher Grund für die Restitutionen beschworen wird.

Indem Savoy die mit Gewalt um ihr Erbe gebrachten Afrikaner zu einer Schicksalsgemeinschaft von Familien stilisiert, spielt sie gegen die Staatsräson und das öffentliche Interesse am Unterhalt von Museen oder an der Entwaffnung von Bürgerkriegsparteien im Latenzzustand von Gefolgschaften und Abstammungsgemeinschaften den Vorrang der Privatmoral der bürgerlichen Eigentümergesellschaft aus. Bei den Kunstraubzügen der Nationalsozialisten waren es Sammlerfamilien, die ökonomisch und gleichzeitig symbolisch zerstört wurden, zur Vorbereitung der physischen Vernichtung. Das alliierte Restitutionsrecht ließ Staaten für ihre einstigen Bürger eintreten, wenn keine Überlebenden aus den Familien mehr aufzufinden waren. Die Einbeziehung der Staaten in diese Transaktionen ist also negativ bedingt, kommt nur im Notfall zum Tragen. Im Gegensatz dazu hat die Übereignung von Museumsbeständen an ehemalige Kolonien einen allgemeinen und positiven Grund. Anerkannt wird das politische Interesse der heute souveränen Staaten, das Eigentumsrecht und das Recht des Kulturgutschutzes für ihre Territorien selbst zu regeln. Die früheren Kolonialmächte sollten es vermeiden, als Mäzene einzelner gesellschaftlicher Gruppen in Erscheinung zu treten.

Ein Kind nimmt zunächst keinen Unterschied zwischen Gesellschaft und Familie wahr. Auch in anderen Vorträgen hat Savoy über ihre Wiederbegegnung mit dem weisen Fernsehonkel ihrer Pariser Kindertage berichtet. Auf einer Konferenz der Unesco fragte sie am 1. Juni 2018: »Was bedeutet es für eine Sechsjährige, zu hören, dass man über die Umstände besser nicht sprechen sollte?« Die Kölner Auskunft, dass Gicquels Satz für sie und ihren Bruder nichts bedeutet habe, war offenbar doch nicht das letzte oder erste Wort. Der Roman »What Maisie Knew« von Henry James dreht sich um die hochempfindliche Figur eines Kindes, das nicht merkt, wenn die Erwachsenen über seinen Kopf hinweg reden, und von der Atmosphäre achtloser Vielzüngigkeit dennoch affiziert wird. Savoy sagt nie ausdrücklich, dass Gicquels Vortrag vom 19. Juni 1978 eine Last in ihre Seele eingesenkt haben müsse und sie im Zuge ihrer Quellenforschung über die Rezeption der Rede M'Bows zu einer authentischen, von ihr vier Jahrzehnte lang verdrängten Kindheitserinnerung vorgedrungen sei. Zwar gab sie sich in einem von Deutschlandfunk Nova im Mai 2018 ausgestrahlten Vortrag »ziemlich sicher«, dass sie »an diesem Juniabend diese Meldung gehört« habe. Aber ein halbes Jahr später bekannte sie in ihrer Georg-Forster-Vorlesung an der Universität Mainz: »Ich habe mir die Sendung natürlich nicht gemerkt.«

Das Merken ist die Mnemotechnik des eifrigen Schulkinds, das nichts vergessen will und sich im Kopf pausenlos Notizen macht. Sollten erst die Folgen die ohne die Hilfe von Merksätzen und Eselsbrücken gegenstandslose Kindheitserinnerung ins Bewusstsein gehoben haben, hätten wir es mit einer politischen Variante der unwillkürlichen Erinnerung aus dem Romanwerk von Marcel Proust zu tun. Die Idee, dass Bénédicte Savoy schon im Alter von sechs Jahren zur Raubkunsthistorikerin berufen worden sei, bleibt ein Gedankenspiel, eine nachträgliche Konstruktion. Sie will für sich nicht den Anspruch erheben, besonders neugierig und besonders sensibel gewesen zu sein. Die Arbeit der Historikerin übernahm sie nur, weil sie in den Jahrzehnten nach M'Bows Rede niemand anderer in Angriff genommen hatte. Und gerade deshalb kann sie M'Bows Appell auf sich beziehen, sich über die Zeiten hinweg persönlich gemeint fühlen. So sagte sie es im Oktober 2017 auf einer Konferenz über heilige

Objekte und menschliche Überreste in den Sammlungen der Stiftung Preußischer Kulturbesitz: »Der letzte Satz, der ging direkt an mich als Kind.«

Sie zitierte den Satz in deutscher Übersetzung: »Ich rufe Historiker und Pädagogen auf, anderen zu helfen, das Leid zu verstehen, das eine Nation an der Plünderung der von ihr geschaffenen Werke erleiden kann.« Durch Verinnerlichung des Satzes, der ihr beim ersten Hören doch nichts hatte bedeuten können, hatte sie sich als dessen Adressatin erkannt, ja erwählt, so dass sie ihn wiederholen und an ihre Kolleginnen und Kollegen adressieren konnte. »Ich persönlich, die ich zur Historikerin geworden bin, nehme das Wort von Amadou M'Bow ernst: J'appelle les historiens.« In dieser Weise beglaubigt die im Rückblick erkennbare Folgerichtigkeit ihrer Bildungsbiographie die seltsame Geschichte des Umgangs der Öffentlichkeit mit dem Thema des kolonialen Raubguts, eine Geschichte des verspäteten Enthusiasmus für die Erledigung einer unaufschiebbaren Aufgabe: »Das Kind ist zu einer Historikerin geworden.« So sind Savoys Präsentationen unheimlicher oder kurioser Funde aus den Depots ihres eigenen privaten Gedächtnisses Beiträge zur Aufklärung über eine Sache des öffentlichen Interesses, die jeden einzelnen Museumsbesucher, Nachrichtenkonsumenten oder Leser angehen soll. »Aus meiner Perspektive ist die größte Verantwortung der Historikerin, des Historikers die Introspektion.«

Eine nach dieser berufsethischen Maxime konzipierte Geschichtswissenschaft behält einen romanhaften Zug: Die Innenschau war die große Errungenschaft des Romans des 19. Jahrhunderts im Wettstreit mit der an den Gang der Akten gebundenen wissenschaftlichen Historiographie. Spöttisch stellte die Historikerin in ihrem Kölner Lebensbericht zusammen, was ihr persönliches Engagement ihr in der deutschen Öffentlichkeit für stereotype Kommentare eingetragen habe, die oft auf nationalhistorische Klischees zurückgegriffen hätten. Da war »der immer wiederkehrende, galante Vergleich mit Jeanne d'Arc«. Zwar lag es Savoy fern, sich den Panzer der heiliggesprochenen Nationalheldin anzumessen, die in der modernen Geschichte Frankreichs zu oft von der antirevolutionären Partei im Streit um die Identität der Nation vereinnahmt worden war. Aber das Kind, das zu einer Historikerin geworden ist, folgt unwillkürlich gleichwohl dem Vorbild aus den Schulbüchern. Als im Hundertjährigen Krieg die durch Lebensalter und Familienbande zum Kampf für das Königtum verpflichteten Ritter den legitimen Thronfolger im Stich ließen, brachte eine durch ihre Jugend und durch ihr Geschlecht von Krieg und Politik ausgeschlossene Person die Rettung für das Erbrecht und die Krone: das Mädchen Johanna, wie sie von den zeitgenössischen Historikern genannt wurde, Jeanne la pucelle.

Ein angeschnittenes Foto eines Mädchens mit rundem Kindergesicht, weit geöffneten Augen und

Halskette dient als Frontispiz des Buches »Museen«. Im Bildnachweis wird nur angegeben, dass es aus dem Privatbesitz der Autorin stammt. Das Kind steckt sich einen Finger in den Mund, wie vor Schreck. Es wird sich nicht auf die Zunge beißen, sondern sich den kindlichen Idealismus erhalten. Die Leser des Buches dürfen sich mit dem aus nächster Nähe porträtierten Kind identifizieren. Auch sie werden Seltsames, Schauriges, Befremdendes zu Gesicht bekommen.

Für die zweite Schlüsselszene der autobiographischen Lehrstunde verwandelte Savoy den Vortragssaal des Kölner Museums erneut in ein Heimkino. Wieder kommentierte sie einen Beitrag aus den Fernsehnachrichten, diesmal einen Korrespondentenbericht von France 2, dem zweiten öffentlich-rechtlichen Sender Frankreichs. Am 30. Mai 1994, Bénédicte Savoy war inzwischen Studentin in Berlin, trafen sich François Mitterrand und Helmut Kohl in Mülhausen im Elsass. Es war ein Arbeitstreffen, schon die dreiundsechzigste Begegnung eines französischen Staatspräsidenten und eines deutschen Bundeskanzlers in einer zur Dokumentation der Verdichtung der Beziehungen zwischen den einstigen Erbfeinden durchgezählten Serie. Abseits der Beratungen gab es im Automobilmuseum von Mülhausen einen feierlichen Termin mit Gelegenheit zum Fotografieren. Deutschland restituierte an Frankreich 28 Gemälde, die in Frankreich während der deutschen Besatzung im Zweiten Weltkrieg geraubt worden waren und sich bis zum Untergang der DDR auf deren Territorium befanden. Ein Landschaftsbild von Claude Monet hatte Kohl mitgebracht, um es Mitterrand zu überreichen.

Bei der Erläuterung dieser Szene für das ein Vierteljahrhundert später in Köln versammelte Publikum ging Savoy nicht nach den Regeln des geschichtswissenschaftlichen Handwerks vor. Sie erklärte nicht, was es mit dem Konvolut der 28 Bilder auf sich hatte und gemäß welchen Rechtsnormen und politischen Überlegungen die Rückgabe abgewickelt wurde. Auch sah sie davon ab, den Zuhörern die während Mitterrands Präsidentschaft vielbesprochenen Umstände von dessen Biographie ins Gedächtnis zu rufen, die dem ersten sozialistischen Präsidenten der Fünften Republik nahelegten, in vergangenheitspolitischen Debatten nicht auf die Semantik von Bruch, Reinigung und Abrechnung zu setzen. Sie ließ die Bilder und O-Töne des damaligen Fernsehzusammenschnitts des historischen Ereignisses mit ein wenig kommentierender Nachhilfe für sich sprechen. Kohl und Mitterrand behandelte sie sozusagen als Akteure eines lebenden Historienbildes, an denen vor allem die zeittypischen Gesten und Tonfälle hervorstachen. Diese Details interessierten im Rahmen einer Symptomatik zur Illustration des Befundes, dass die Macht des sogenannten Familiengeheimnisses damals noch ungebrochen gewesen sei.

Ironisch beschrieb Savoy die von Mitterrand anscheinend improvisierte, an Kohl persönlich adressierte Dankesrede als »ein verschlungenes Monument verweigerter historischer Aufklärung«. Savoys Hauptbeleg war eine Stelle der Rede, an der Mitterrand dem Vorgang eine universalistische Wendung gab: Bislang seien alle Museen Europas »voller Werke, die unter Bedingungen erworben oder erobert wurden, auf denen man gar nicht länger herumzureiten braucht«. Zwanglos konnte Savoy diese dezidiert beiläufige, absichtlich unbestimmte, denkbar allgemeine Bemerkung über die Erwerbskontexte des typischen europäischen Museumsbesitzes als Gegenstück zu Gicquels Wendung von den keiner genaueren Beschreibung bedürfenden Umständen der Kunstverluste außerhalb Europas hinstellen. Um diese Ähnlichkeit zu erklären, muss man nicht annehmen, dass auch Mitterrand, der als Vorsitzender der Sozialisten im Mai 1974 in der Präsidentschaftswahl dem bürgerlichen Kandidaten Valéry Giscard d'Estaing unterlegen war, am 19. Juni dieses Jahres um 20 Uhr vor dem Fernsehapparat saß. Durch automatisches Weiterschreiben und fortgesetztes Umschreiben werden Familiengeheimnisse gewahrt.

Der Tag von Mülhausen ist für Savoys Thema zweifellos bezeichnend. Mitterrand machte aus der von ihm als großzügig gelobten Geste Kohls keinen Präzedenzfall; schon dieses unter Regierungsgewaltigen nicht weiter bemerkenswerte Lob diente ihm dazu, einem Dominoeffekt vorzubeugen, der Universalisierung der Prüfung der Museumsinventare auf die historischen Bedingungen sämtlicher Anschaffungen. Von heute aus gesehen verständigten sich Mitterrand und Kohl in einer anderen Zeit; verglichen mit heutigen Politikern, die das Kolonialzeitalter und den Zweiten Weltkrieg nur aus Büchern kennen und ungenaue Beschreibungen nicht mehr gut mit Andeutungen ausbessern können, agierten sie sozusagen noch unter dem Schutz einer Gnade der frühen Geburt. Effektvoll präpariert Savoy in ihrer kurzen Geschichte des Restitutionsthemas im Spiegel der eigenen Zeitzeugenschaft das Epochenstiltypische im Operationsmodus von Mitterrand und Kohl heraus, indem sie uncharakteristische Einzelheiten weglässt. Auch auf diese Episode ist sie in anderen Vorträgen zurückgekommen; im variierenden Wiedererzählen und Weitererzählen schlichen sich dann bisweilen Unschärfen und auch Fehler ein.

In den Nachrichten vom 30. Mai 1994 war angekündigt worden, die 28 Gemälde würden »entweder an die französischen Museen« zurückgegeben werden »oder an die Familien der Besitzer, wenn sie noch leben«. Im »Spiegel« machte Savoy 2021 genaue Angaben darüber, was aus dieser Ankündigung geworden war: Mitterrand »gab sie nicht an die Familien weiter, sie liegen immer noch in französischen Museen«. In der »Sternstunde Philosophie«, einer Gesprächssendung des Schweizer

Fernsehens, hatte sie es ein halbes Jahr zuvor sogar noch genauer gewusst: Es sei »jetzt alles im Louvre«. Das entspricht nicht den Tatsachen, wie aus dem Eintrag zum Tag von Mülhausen in der »Anthologie zu Kunstraub und Kulturerbe« hervorgeht, dem Textband eines zweibändigen universalgeschichtlichen Sammelwerks mit dem Obertitel »Beute«, das Savoy 2021 unter Beteiligung ihrer Studenten und Mitarbeiter an der TU Berlin herausbrachte. »Spiegel«-Leser und Schweizer Fernsehzuschauer meinen dank Unterrichtung durch Savoy zu wissen, dass Mitterrand Familien von Holocaust-Überlebenden ihr Erbe vorenthielt, um es dem französischen Museumsbestand einzuverleiben. Von den Schwierigkeiten der Erbenermittlung ein halbes Jahrhundert nach dem Völkermord war in den Interviews nicht die Rede. Solche Übertreibungen vergröbern eine traurige Geschichte von den Versäumnissen der moralischen Phantasie, reduzieren Verdrängung, Nachlässigkeit und fehlgeleitete Rücksichtnahme auf Täuschung, Sabotage und Zynismus. Leider zieht Bénédicte Savoy, die raffinierte Erzählerin, als Kolporteurin der eigenen Erfolgsgeschichten durch die Vortragssäle. Auch in dieser Form finden ihre Fortsetzungsromane Platz im Feuilleton. Aber sie handeln von Familiengeheimnissen, wie sie nur in Mafiafamilien gehütet werden.

Das Fernsehen hat im Laufe von Bénédicte Savoys Lebenszeit seine gemeinschaftsstiftende Kraft verloren. Die Synchronisierung der Gegenwartserfahrung im Konsum der rund um die Uhr eingehenden Nachrichten hat durch das Internet und die klugen Telefone mit der Ausstattung von Computern noch einmal gewaltig zugenommen, so dass sie tendenziell die gesamte Menschheit erfasst. Aber es ist nicht mehr nötig, dass die Familien oder Wohngemeinschaften zu fester abendlicher Stunde in gemütlichen Höhlen zusammenkommen, um vor dem großen Bildschirm ihre tägliche Ration Weltgeschehen in Empfang zu nehmen. Von Emmanuel Macrons Rede in Ouagadougou am 28. November 2017 erfuhr Savoy, wie sie in Köln berichtete, nicht erst am Abend aus dem Fernsehen, sondern »beim Überqueren der Straße an einer Kreuzung in Berlin-Wilmersdorf«, mutmaßlich aus dem Radio oder durch eine Mitteilung auf dem Handy.

Den Moment des Empfangs dieser Nachricht führte sie in ihrem Vortrag als historischen Augenblick eines ganz bestimmten Typs ein: ein Datum, das sich sofort in die Erinnerung eingräbt und unvergesslich bleibt, indem sich der Zeitpunkt eines unerwarteten, als weltverändernd erlebten Ereignisses unauflöslich mit dem Ort, dem Punkt im Raum, verknüpft, an dem man sich gerade befindet. Der Zeitgenosse wird zum Zeitzeugen; geschehende und erinnerte Geschichte fallen zusammen. Als universell umriss die Vortragende diese Form der

Geschichtserfahrung; die Zuhörer, legte sie nahe, hätten gewiss Beispiele aus ihren eigenen Biographien beibringen können, Entsprechungen zu den beiden von ihr genannten Fällen aus ihrer Lebensgeschichte, zwei Todesfällen, Charlie Chaplin und Michael Jackson. »Jeder kennt dieses besondere Verhältnis von Raum und Zeit – wenn kardinale Schicksalsmomente in dem Augenblick, *in dem* man sie erfährt, sich in der Erinnerung so fest und unzertrennlich mit dem Ort verbinden, *an dem* man sie erfährt, dass man auch Jahrzehnte später sagen kann: Ich war da und da, als ich davon erfuhr.«

Jeder kennt das vielleicht auch deshalb, weil man seit etwas mehr als zweihundert Jahren von solchen punktuellen Fixierungen des Raum-Zeit-Kontinuums lesen kann. Der klassische Ort für diese Figur des modernen kulturellen Gedächtnisses ist die Kanonade von Valmy, wie sie Goethe in seiner autobiographischen Schrift »Kampagne in Frankreich« geschildert hat. Schon am Abend des 20. September 1792, nach dem Abbruch des Angriffs der Koalitionsarmee auf die französischen Stellungen, will Goethe in einem Kreis von Offizieren gesagt haben: »Von hier und heute geht eine neue Epoche der Weltgeschichte aus, und ihr könnt sagen, ihr seid dabei gewesen.« Die welthistorische Zäsur der neuen Epoche ließ sich demnach nicht nur sofort datieren, wie Goethe dreißig Jahre nach dem Ereignis berichtete, sondern auch lokalisieren, und der Status der Augenzeugenschaft mochte den anwesenden deutschen Offizieren die Glorie des Sieges ersetzen, der sich nicht hatte herbeischießen lassen.

Savoy zitierte in Köln aus der Rede von Ouagadougou und umschrieb dann ihre Reaktionen, um zu zeigen, was sie ihr in Berlin-Wilmersdorf sofort bedeutet hatte. »Zu sagen, dass ich an meiner Kreuzung wie elektrisiert dastand, wäre zu schwach: Ich verharrte wie ein Fulgurit (von lateinisch *fulgur:* ›Blitz‹), eines jener zuerst um 1800 beschriebenen mineralogischen Aggregate, die entstehen, wenn Blitze in Lockersedimente einschlagen.« Es soll im wesentlichen ein Wort gewesen sein, das 6300 Kilometer von Ouagadougou entfernt diesen Effekt zeitigte, das Wort »Restitutionen«, ausgesprochen von einem französischen Staatspräsidenten. Es war ein »Tabubruch«, wie sie im Schweizer Fernsehen sagte, der eine Grundeinsicht der Sprachphilosophie des 20. Jahrhunderts bestätigte: »Sprache ist Handeln, Sprache ist Tat.« Nicht bloß intellektuell nahm Savoy in Wilmersdorf die Nachricht auf; in einem anderen Vortrag berichtete sie von einer Atemstörung: »Ich war hyperventiliert, weil plötzlich etwas passierte, was ich für nicht möglich hielt.«

Die Neuigkeit hat mich elektrisiert: Das ist eine gängige, zu gängige Wendung. Sie hat sich in ständigem Gebrauch abgenutzt, so dass sich die elektrische Ladung des Bildes auf den Hörer oder Leser nicht mehr überträgt. Savoy suchte und fand deshalb Ersatz – ein fachsprachliches, nach spezialistischer Gelehrsamkeit klingendes, erklärungsbedürftiges Äquivalent. Gerade die Kommentarbedürftigkeit des erlesenen Fremdworts (alltagssprachlich hätte Savoy ohne weiteres auch sagen können, sie sei dort wie angewurzelt oder wie versteinert gestanden) verbürgt die Echtheit des Erlebnisses, nämlich die Individualität der Erlebenden: Die Wissenschaftsgeschichte der Zeit um 1800 ist Savoys ursprüngliches Spezialgebiet. An einem Straßenübergang zu verharren wie die Gesteinsformation, die ein Blitzeinschlag hinterlassen hat (die anschauliche deutsche Übersetzung von Fulgurit lautet Blitzröhre) – das kennt nun wirklich nicht jeder!

Johann Karl Wilhelm Voigt, als Bergrat in den Diensten des Großherzogs von Sachsen-Weimar ein Zuarbeiter Goethes, bot 1805 in seiner »Nachricht von den Blitzröhren« im »Magazin für den neuesten Zustand der Naturkunde« zusammen mit der ersten wissenschaftlichen Beschreibung des pittoresken Naturphänomens gleichzeitig auch dessen Erklärung, für die er Theorien zweier Wissenschaften zusammenführte, die um die Wende zum 19. Jahrhundert einen Schub erlebten: Meteorologie und Geologie. Beide Fächer illustrierten nicht nur mit ihren Erkenntnissen den Fortschritt des Geistes, sondern lieferten auch Bilder für diese dynamische Innenseite des Weltgeschehens oder Zeitbewusstseins, zum Zweck der poetischen Beschreibung alles dessen an der miterlebten Geschichte, was mit dem bloßen Auge der Zeugen nicht zu erfassen war, also der Prozesse, wie man damals vermehrt zu denken begann, hinter den Ereignissen. Die Lehre von den Himmelserscheinungen und vom kurzfristigen atmosphärischen Wandel und die Erkenntnis der langfristigen unterirdischen Verschiebungen, die kaum merklich bleiben, bis sie sich plötzlich in Erdbeben und Vulkanausbrüchen entladen, wurden beide herangezogen, um das Singuläre am Hauptereignis der damaligen und vielleicht auch der ganzen neueren Geschichte zu erfassen. Für die Blitzmetaphorik sei hier statt aller Beispiele ein einziges gegeben. Der junge Joseph Görres beschrieb 1797 in seiner Schrift »Der allgemeine Frieden, ein Ideal« den Effekt des Ereignisses von 1789 so: »Der mächtige Schimmer, der wie ein Blitzstrahl alle Winkel durchdrang, schreckte die Despoten. Sie blinzten das in gedrängter Fülle dahinströmende Licht an; ihnen war nur in Finsterniß wohl.«

Zur Blitzröhre geformt und nicht zur Salzsäule erstarrt: So stand einen fast unendlichen Moment lang eine Professorin der Kunstgeschichte der TU Berlin an einem Novembertag des Jahres 2017 in Wilmersdorf am Straßenrand, als sie das Signal aus Ouagadougou empfing. Savoy hat die Information nicht weggelassen, dass sich die Fulguritwerdung an einer Kreuzung ereignete, nicht an einem gewöhnlichen Zebrastreifen oder gar auf dem Bürgersteig. Der Hintergrund komplettiert das geschichtsphilosophische Bild, das Emblem des zum Bersten aufgeladenen zeitgeschichtlichen Moments. Denn der französische Staatspräsident, jupitergleich aus den Wolken über der Restitutionsdebatte hervorschießend, hatte die Debatte mit seiner plötzlichen Intervention an einen Kreuzweg geführt: Die europäischen Museen und ihre staatlichen Betreiber standen vor der Alternative, im Sinne von Macrons visionärem Programm zeitübergreifender Gerechtigkeit zu handeln oder sich von der Restitutionspolitik abzuwenden.

Zunächst war unklar, ob der Wegweiser selbst die Beine in die Hand nehmen und sich in die von ihm gewiesene Richtung aufmachen würde. Noch während Macron im Hörsaal in Ouagadougou sprach, bekam Savoy eine SMS von einem Mitglied der »Entourage« des Präsidenten mit der Botschaft: »Wir werden Hilfe brauchen.« Das erzählte sie in einem mehrstündigen Video-Interview mit dem Journalisten Tilo Jung, das Jung am 1. Juni 2021 in seinen YouTube-Kanal einstellte. Es ist unbekannt, ob es diese Kurznachricht war, die Savoy an der Kreuzung wie ein Blitz traf, oder ob die SMS die Empfängerin wieder aus ihrer Versteinerung erlöste. Jedenfalls dürfte diese erste Kontaktaufnahme mit den Beratern Macrons, die zu Savoys Beauftragung mit der Erstellung des Berichts für den Präsidenten führte, noch in Wilmersdorf stattgefunden haben.

Savoy blieb nicht an der Kreuzung stehen, sondern sah darauf, dass der Gang der Dinge nach der Rede von Ouagadougou die Richtung nahm, die sie für die richtige hielt. Sie beriet den Präsidenten über die Kanäle, die in einer auf Aufklärung eingerichteten Bürokratie dafür vorgesehen sind, kommentierte den neuesten Zustand der Restitutionsdebatte, den sie immer als Zwischenstand behandelte, aber auch mit schöner Regelmäßigkeit öffentlich. Sie resümierte kontinuierlich die Geschichte, an der sie gleichzeitig als wissenschaftliche Expertin und als politische Akteurin mitschrieb. Durchgängig griff sie dabei auf einen Fundus historischer Reflexionsfiguren zurück, die aus der Epoche der Französischen Revolution stammen. Mit Vorliebe stellte sie auch Bezüge zu den Ereignissen des Jahres 1989 her, die schon in ihrer Zeit als Wiederholung und Bekräftigung von 1789 eingeordnet worden waren – als hätte sich die Weltgeschichte einmal tatsächlich nach dem Kalender gerichtet. Woher nimmt Bénédicte Savoy ihre Energie, woher stammt ihr Enthusiasmus? Eine Antwort wäre: aus einer Kindheitserinnerung der gebildeten Menschheit, einem Zeitgefühl, für das zwischen der Eigendynamik sozialer Prozesse und der Handlungsmacht einzelner Menschen noch kein Widerspruch bestand.

Im Mai 2017 trat Emmanuel Macron das Amt des Präsidenten der Französischen Republik an. Deutschlandfunk Kultur bat Savoy, die Französin in Berlin, um ihre Einschätzung seiner Person. Sie fühlte sich an den jungen Napoleon erinnert: In der Zeit der fortgeschrittenen Revolution habe es damals die Hoffnung gegeben, dass eine jüngere Generation etwas Neues auf die Beine stellen werde. In einer Publikumsveranstaltung der Berlin-Brandenburgischen Akademie der Wissenschaften stellte Savoy im Januar 2020 eine Verknüpfung zwischen der napoleonischen Expedition nach Ägypten und der Sozialrevolution im Staatsapparat, der Öffnung der Laufbahnen für die Talente, her. Ägyptische Altertümer wurden nach Paris verbracht und konnten nicht mehr nur von Reisenden in Autopsie untersucht werden. Die »Tatsache«, dass um 1800 »plötzlich Leute unter dreißig an die Macht kommen« konnten, hatte intellektuelle und politische Konsequenzen. Es gab eine »enorme Beschleunigung der Lebenswege« und »Karrieren«, ganz allgemein »der Mobilität in Europa«, der Mobilität der Menschen und der Dinge. Macrons Partei hieß La Révolution en marche: Sein Marschbefehl kündigte keinen Staatsstreich an, wie ihn General Bonaparte zehn Jahre nach 1789 ins Werk setzte, eher den Durchmarsch einer Generationskohorte, die automatisch Revolution macht, indem sie die Älteren nach und nach in Pension schickt.

Wer für ihn stimmt, stimmt für die Jugend: Wenn man Savoy zuhört, soll das auch für die Zustimmung zu Macrons Restitutionspolitik gelten. Er sprach in Ouagadougou zur Jugend Afrikas über die Jugend Afrikas und sprach ihr das angeborene Recht zu, in die eigene Bildungswelt hineinzuwachsen und zum Studium der Zeugnisse dieser Welt nicht nach Paris reisen zu müssen. Vor Macron saßen die afrikanischen Studenten – und hinter ihm stand in Savoys Vision die Jugend der Welt. Wieder und wieder kommt Savoy darauf zurück, dass für junge Menschen wie ihre Berliner Studenten die Verpflichtung zur Rückgabe des Museumsguts kolonialzeitlicher Herkunft ohnehin eine Selbstverständlichkeit sei.

Zustimmung, selbst die Zustimmung ganzer demographischer Gruppen, ist kein Argument in der Sache, selbst also noch kein Grund für Zustimmung. Savoy ist irritierend schnell bereit, Gegenargumente als Ablenkungsmanöver abzutun. Eine besonders unduldsame Form der Ungeduld spricht aus ihr, weil sie zu wissen glaubt, dass die Zeit für sie arbeite. An ein Berliner Vortragspublikum hatte Savoy im Oktober 2017 ausdrücklich appelliert: »Ich finde, wir sollen ungeduldig werden.« Den Befund, dass Argumente nach Jahrzehnten oder sogar Jahrhunderten wiederkehren, verband sie mit dem Verweis auf die Knappheit ihrer eigenen Lebenszeit als Forscherin: »Jetzt reicht's! Ich möchte, wo ich vom Humboldt-Forum zum ersten Mal gehört habe, als ich 30 Jahre alt war, und jetzt bin ich Mitte 40 – ich möchte nicht 60 werden oder 70, ohne dass die Sachen jetzt endlich geklärt werden.«

Die Französische Revolution machte der Vergangenheit im Namen der Zukunft den Prozess. In dem Hinweis, dass unter den Geschworenen die kommende Generation mit der Zeit von selbst die

Oberhand gewinnen werde, steckt eine latente Gewaltdrohung. Das gilt für die Übermacht, die jede demokratische Mehrheit als Überzahl darstellt, und erst recht, wenn man demographischen Druck hinzudenkt. In ihrer bereits erwähnten Rede auf der Pariser Konferenz der Unesco am 1. Juni 2018 baute Savoy die Drohkulisse einer globalen Jugendrevolte auf. Die junge Generation erwarte Antworten: Wenn die jungen Leute »keine Antworten bekommen, werden sie ihre eigenen Entscheidungen treffen«. Aber wie sollten diese Entscheidungen aussehen? Würden Schulklassen die Gemeinschaftsausflüge ins Museum boykottieren? Oder Erstwähler ihre Wahlentscheidungen von der Museumspolitik abhängig machen?

Die Publizistik des Revolutionszeitalters brachte den Gedanken hervor, dass sich im Interesse des Auslands an den Umstürzen in Frankreich eine Weltöffentlichkeit konstituiert habe, die zeitunglesende Menschheit als kritisches Gegenüber aller partikularen Mächte. Savoy postulierte in diesem Sinne, dass »gesellschaftlicher Druck auf der ganzen Welt« politische Folgen in Europa haben müsse. »Die Dinge bewegen sich, weil es weltweit, insbesondere außerhalb von Europa, eine Volksbewegung gibt: Das Thema ist jetzt auf der Straße.« Die Straße ist, vom Zug der Marktweiber nach Versailles am 5. Oktober 1789 über die Barrikaden 1830, 1848 und 1871 und die Ereignisse des Mai 1968 bis zum Arabischen Frühling 2010/11, der universelle revolutionäre Erinnerungsort. Wie wörtlich meinte Savoy den Topos, war er in ihrer Pariser Rede mehr als eine Reverenz an den Ortsgeist? Auf der Straße wird moralischer Druck physisch; in der politischen Theorie gibt es in jüngster Zeit eine intensive Diskussion über die Aktionsform der Versammlung, komplementär zum Aufstieg der sozialen Medien. Neben dem körperlichen Engagement gehört zur revolutionären Manifestation der Straße die direkte Konfrontation. Demonstrationen, die in anderen Ländern und sogar auf anderen Kontinenten Entscheidungen auslösen, dürften in der Weltgeschichte der Revolutionen nicht oft vorgekommen sein.

Allerdings hatte Macron mit seiner Wortwahl in Ouagadougou die Afrikaner in Savoys Lesart geradezu eingeladen, Druck auf Frankreich auszuüben. Wie sie in Mainz erläuterte, hatte er sich die effektvollste polemische Metapher der antikolonialistischen Kritik der ethnologischen Museen angeeignet, mit der auch Jacques Chiracs Gründung des Branly-Museums bekämpft worden war: »Die afrikanische Kunst ist in unseren Museen gefangen – das ist nicht gerade graustufenmäßig, das ist sehr schwarzweiß gemalt.« Die Befreiungsrhetorik revolutionärer Provenienz wendete der Präsident gegen das eigene revolutionäre Erbe in Gestalt des staatlichen Museumsbetriebs. Auf diese Weise, sagte Savoy am 7. November 2018, »ist eine Dynamik in Gang getreten«, die innerhalb eines Jahres

»tatsächlich in ganz Europa eine tektonische, eine Erdbebensituation geschaffen hat«. Die tektonische Verschiebung ist die aus dem Revolutionszeitalter überkommene Leitmetapher für die von sozialen Kräften erzwungenen politischen Veränderungen.

In Frankreich blieb es an der Oberfläche des öffentlichen Gesprächs freilich zunächst und dann auch auf Dauer relativ ruhig. Auch die Resonanz des Berichts von Savoy und Sarr war in Deutschland ungleich größer als in dem Land, dessen Präsident ihn bestellt hatte. »Macrons Vorschlag hat in Frankreich nicht gefruchtet, sondern in Deutschland«, stellte Savoy an der Vanderbilt-Universität fest. Dieses paradoxe Moment der Debattengeschichte erklärte sie ebenfalls mit einer Figur aus der Bildwelt der politischen Mechanik, die aus Geschichtsdiskussionen im Stil des 19. Jahrhunderts vertraut ist, allerdings nicht aus der politischen Sozialgeschichte, sondern aus der Geschichte der Diplomatie. In mehreren Vorträgen und Interviews verwendete sie für Macrons museumspolitische Initiative das Bild der Billardstoßes. So im Gespräch mit Tilo Jung im Frühjahr 2021: »Der französische Präsident hat eine Billardkugel angestoßen, hat Dynamik gebracht, und diese Kugel, nämlich Restitution, hat die deutsche Kugel angestoßen, und die bewegt sich weiter, während die französische« – hier lachte die Französin – »ein bisschen langsamer geworden ist.«

Beiläufig, aber präzise skizzierte Savoy einen strukturellen Gegensatz der beiden ihr intim vertrauten nationalen Öffentlichkeiten. Die französische politische Kommunikation ist eher hierarchisch, geht von Signalen der staatlichen Instanzen aus, die auf gesellschaftliche Resonanz nicht unbedingt angewiesen sind. Der deutsche öffentliche Raum wirkt dagegen autonom, verhandelt ohne Anstoß von oben, damit aber auch ohne die Gewissheit politischer Relevanz. Am Anfang der Debatte, unmittelbar nach der Publikation des Savoy-Sarr-Berichts, ergab sich ein Bild des symmetrischen Kontrasts, wie es Savoy am 18. Oktober 2018 bei DLF Kultur festhielt: »Da ist es tatsächlich so, dass der französische Präsident das beschließt, aber eine öffentliche Debatte darüber gibt es komischerweise in Frankreich nicht. Nicht wie hier, wo die Politik sehr zurückhaltend ist, aber die Öffentlichkeit sehr aktiv.« Die Kopplung der beiden nationalen Debatten hat dann auf beiden Seiten des Rheins die rückgabefreundliche Position gestärkt.

Diese Wechselwirkung schilderte Savoy im Plauderverhör bei Tilo Jung, in überschießender Freude an der Veranschaulichung durch Modellbildung, mit gestischen und lautmalerischen Einsprengseln, so dass die Billardpartie am Ende nach dreidimensionalem Flipper aussah. »Im Grunde kann man sich das so vorstellen: Eine Entscheidung kommt von oben und fällt in Frankreich auf nicht fruchtbaren Boden, und dann macht es bing, bing, bing und sie kommt in Deutschland auf sehr fruchtbaren Boden und schießt nach oben in die Politik, und weil jetzt in Deutschland auch die Politik sich geäußert und ihren Willen bekundet hat, Restitutionen anzugehen, schauen jetzt interessanterweise Macron und sein Team auf das, was hier passiert.« Bezogen auf Deutschland hatte Savoy am 18. Oktober 2018 prophezeit: »Der Druck der Öffentlichkeit hier wird sicherlich dafür sorgen, dass die Politik irgendwann nicht mehr schweigen kann.« So ist es gekommen. Schon drei Monate später sagte Savoy in einer ihrer fast schon periodischen Wortmeldungen bei DLF Kultur: »Komischerweise gab es in Frankreich erst den politischen Willen eines Politikers und dann die Debatte, in Deutschland liegt es etwas anders, und der politische Wille hat etwas auf sich warten lassen. Jetzt ist er auch da.«

Die Regierungen von Bund und Ländern schwiegen nicht. Sie sprachen, sprachen zunächst Versprechungen aus und sagten schließlich die Herausgabe der gesamten deutschen Bestände an Hofkunstwerken aus dem 1897 von den Briten unterworfenen Königreich Benin zu. Zur Rolle der Bundesregierung gab Savoy im März 2021 im »Spiegel« zu Protokoll: »Ich glaube, die Regierung hat keine Wahl mehr. Das ist der Gang der Geschichte.« Während sich in den deutschen Willenserklärungen ein guter Wille erklärte, der in kantischer Tradition auf die Verallgemeinerung seiner Maximen hinauswill und das Museumseigentum aus kolonialer Zeit wegen vermuteter Unverträglichkeit mit unseren heutigen demokratischen Werten prinzipiell zur Disposition stellt, sprengten die vom französischen Staat beschlossenen Restitutionen das Rechtsprinzip der Unveräußerlichkeit des öffentlichen Kultureigentums nicht. Es wurden Einzelfallgesetze verabschiedet, die für jedes einzelne Objekt eine ausdrückliche Ausnahme machten. Dem Rat von Savoy und Sarr, das Eigentum an der gesamten materiellen Hinterlassenschaft der französischen Kolonialherrschaft aufzugeben, ist Macron also nicht gefolgt.

Savoy hielt im Musée du Quai Branly am 27. Oktober 2021 eine Rede, als das Museum gemäß gesetzlicher Anordnung einen seiner prächtigsten Afrika-Bestände abgab: die Statuen von Tiermenschen, Throne, Szepter und anderen Erinnerungsstücke des Hofes der Könige von Dahomey, die französische Truppen 1892 bei der Eroberung des Königreichs erbeutet hatten. Diese 26 Objekte übergab die Französische Republik an die Republik Benin (nicht zu verwechseln mit dem ehemaligen Königreich Benin auf dem Gebiet von Nigeria). Auf einer ihrer Reisen mit Felwine Sarr hatte Savoy in Benin den Königspalast in der früheren Hauptstadt Abomey besucht. Es war, so schilderte es Savoy in einem Gespräch mit Nanette Snoep, der Direktorin des Rautenstrauch-Joest-Museums in Köln, »ein Ort, der eine große Ausstrahlung hat, aber komplett leer ist«. Sofort nach der Besichtigung, mit einem Nachtflug, begaben sich Savoy und Sarr nach Paris, um die aus Abomey entführten Werke am Quai Branly zu betrachten, in der von Jean Nouvel eigens für diesen Teilbestand der Sammlung errichteten Rotunde. Das war im Rahmen ihrer Mission ein Experiment, ein Selbstversuch, in dem Macrons Entsandte körperlich nachvollziehen wollten, was der Entzug der Objekte für die Betroffenen seelisch bedeutete.

Im Schweizer Fernsehen berichtete Savoy über das Resultat. »Wir haben innerhalb von 24 Stunden körperlich die Abwesenheit und die Anwesenheit der Objekte erlebt; und diese Erfahrung, die macht man normalerweise nicht, diese Enge, diese Dichte, das war ein großes Erlebnis.« So solle nicht nur der Wissenschaftler, sondern jeder Besucher, wenn man im Museum vor solchen Objekten stehe, unbedingt versuchen, deren Abwesenheit an anderen Orten mitzudenken. Jeder Besucher verwandelt sich durch diese Art der Versenkung in die Objekte ein wenig in einen Wissenschaftler: »Es ist wirklich eine Kopfarbeit, gleichzeitig deren Abwesenheit zu denken und zu spüren.« Durch solche Kopfarbeit präpariert, war Savoy am 27. Oktober 2021 in Paris anwesend, um nicht nur im notariellen Sinne Zeugin der Translokation zu sein. Statt lediglich ihre Fachkompetenz zum protokollarisch vorgesehenen Zeitpunkt einzubringen, wollte sie an diesem Ereignis als einem Geschehen in Raum und Zeit teilnehmen, mit allen Sinnen, von Anfang bis Ende, nicht nur als Expertin und Chronistin, sondern als ganze Person. Daher war sie am 10. November 2021 wieder in Benin, als am Regierungssitz in Cotonou, der größten Stadt des Landes, die Ankunft der heimgekehrten Bildwerke gefeiert wurde.

Bei einem Auftritt in dem von Carolin Emcke kuratierten »Streitraum« der Berliner Schaubühne am 12. Dezember 2021 nannte Savoy die mehr als zwei Meter großen Standbilder der letzten Könige von Dahomey »unfassbar anders als alles, was wir sonst kennen«; das Gefühl, das sie umfangen hatte, umschrieb sie als »ernste Freude« und »etwas, was sich fast nicht in Worte fassen lässt«. So übertrug sie den aus dem Klassizismus geläufigen Topos der Unbeschreibbarkeit von Kunstwerken auf die moralischen Reaktionen im Umgang mit den Werken. Die Bürger von Benin bekamen nicht sogleich alle aus dem Pariser Exil zurückgeholten Garanten der Erinnerung des Königreichs von Dahomey zu sehen. Um so größer war die Wirkung der Begrüßungszeremonie auf die Besucherin aus Europa, wie Savoy am 18. November 2021 in einem Vortrag vor Kunsthistorikerkollegen in Magdeburg bezeugte: »Eine einzige Kiste wurde vor dem Publikum aus dem Lkw herausgeholt, mit dem Gabelstapler. Diese Szene dauerte ewig, es sah aus wie ein Geburtsmoment, wie eine Wiedergeburt.« Gemäß dem kulturphilosophischen Konzept, das Savoy und Sarr ihrem Bericht zugrunde gelegt hatten, begann in diesem Moment die Renaissance der Kunst des vormaligen Dahomey.

Wie Savoy versucht hatte, den Präsidenten, der sie um Hilfe bei der Umsetzung seines Anliegens in Ouagadougou gebeten hatte, durch öffentliche Leseanleitungen auf eine Lesart seiner Rede festzulegen, so beteiligte sie sich an der öffentlichen Interpretation des Restitutionsakts im Branly-Museum, an dem sie mitgewirkt hatte. Wo das Gesetz eine Ausnahme feststellte, ordnete sie das Ereignis in eine Reihe gleichgerichteter Ereignisse ein. Sie deutete das Ereignis in einem nicht-trivialen, im Gegenteil emphatischen Sinne als historisch und konnte dabei auf die vorweggenommene Interpretation eines anderen Beteiligten verweisen. »Vor einigen Jahren sagte der Kulturminister von Benin zu mir: Wenn es eines Tages zu Restitutionen käme, wäre es wie der Fall der Berliner Mauer.«

Diesen Ausspruch führte sie, wie sie es mit ihren prägnanten Anekdoten zu halten pflegt, bei den verschiedensten Gelegenheiten an. Es handelt sich um einen Fall von historischer Prophetie im skeptischen Modus; durch den Vergleich mit der europäischen Revolution von 1989 hatte der Sprecher die Unwahrscheinlichkeit des Eintretens des von ihm erhofften Ereignisses markiert. Jetzt war das Ereignis eingetreten und das Unwahrscheinliche wahr geworden, so dass es im Rückblick fast vorbestimmt aussah. Diesen Kippmoment der Verwandlung des unwahrscheinlichen Ausgangs in den notwendigen

Anfang stilisierte Savoy zu einer Wasserscheide der Weltgeschichte. »Es gibt ein Vorher und ein Nachher«, sagte sie in der Rede in Gegenwart der zur Verschickung bestimmten Objekte. Noch vier Jahre zuvor habe sich niemand vorstellen können, dass Frankreich, das sich so lange taub gestellt habe, als erste Kolonialmacht Raubkunst zurückgeben werde. Die Ungewissheit, ob Macron seiner Rede wirklich Taten folgen lassen werde, verlieh der getanen Tat im Nachhinein die Aura der Unabwendbarkeit. Aber eben nur im Nachhinein: »Das hätten wir nicht vorhersehen können«, sagte Savoy am 22. Januar 2022 im Frankfurter Historischen Museum.

Sie wiederholte dort die Formel vom Vorher und Nachher, um ihre eigene Arbeit einzuordnen, die sie auf der einen Seite der Zeitmauer begonnen und auf der anderen beendet hatte. »Es war die *mission impossible,* es ist *mission accomplie.*« Den Auftrag, den sie erfüllt zu haben glaubte, hatte ihr der französische Staatspräsident wohl lediglich überbracht, aber eine höhere Instanz erteilt. Das Überschreiten der Epochenschwelle konnte sie sich körperlich immer noch vergegenwärtigen: Wenn sie an die Wende vom 10. November 2021 dachte, bekam sie Gänsehaut. In der Katholischen Akademie zu Berlin redete sie am 19. November 2021, direkt aus Benin zurückgekehrt, geradezu schwärmerisch, wie von einem welthistorischen Ostertag, was dem Ort vielleicht angemessen war: »Wir haben eine Welt von gestern, die hat am 10. November aufgehört, und eine Welt von morgen, die gerade jetzt beginnt.« Wo ein Außenstehender vielleicht vermuten mochte, dass sie triumphieren werde, bekannte sie, dass die Erfahrung für sie »intellektuell ein Schock« gewesen sei. Sie hatte gelernt: »Es ist möglich, sehr starke institutionelle, juristische Blockaden zu überdenken, zu reformieren, zu verändern, neue Gesetze zu schreiben, denn Menschen machen die Gesetze.« Und daraus folgte: »Jetzt, für mich, in der Mitte meines Lebens, hoffentlich in der Mitte meines Lebens«, ging es darum »zu verfolgen, was jetzt sein wird«. Die Mitte des Lebens und die Mitte der Zeit fielen zusammen, Autobiographie und Weltgeschichte kamen zur Deckung.

Durch Introspektion bestätigte sich ein Hauptgedanke der Geschichtserfahrung des Revolutionszeitalters, die Geschichtsmächtigkeit ungewollter Handlungsfolgen. Savoy hatte ja nach eigenen Angaben keinen Einfluss auf die Politik nehmen wollen, sondern, als Kunstraub das Thema der historischen Stunde wurde, lediglich ihre wissenschaftliche Arbeit fortgesetzt und bei Bedarf öffentlich erläutert. Noch im Frühjahr 2021 sagte sie im Interview mit der »Zeit«: »Ich habe keine Agenda, ich habe keine Rolle. Ich stelle nur fest, dass mir eine Rolle von außen zugeschrieben wird.« Diese Weltabgewandtheit ihrer Selbstbeschreibung hatte sich am Ende des Jahres 2021 in ein Staunen über den Gang der Zeit verwandelt: »Es war für mich intellektuell oder vielleicht auch politisch unfassbar zu merken, dass die Arbeit einer Kunsthistorikerin – die Wissenschaft insgesamt oder historische Arbeit in der eigenen Biographie – in politische Entscheidungen oder, wie ich das empfinde, in eine weltverändernde neue Situation münden kann.«

Etwas ist unfassbar: In der Echtzeit-Kommentierung der einlaufenden Weltnachrichten in den sozialen Medien ist diese Klassifizierung eine der gängigsten Figuren. Auch gewitzte Zeitgenossen kultivieren diese Praxis der Unbegrifflichkeit. Mit der demonstrativen Verwunderung über das Strömungsdiagramm der Rezeption ihrer Schriften und Reden lenkte Savoy sich von der Aussicht darauf ab, dass man bei künftigen Historikern der jedenfalls in Deutschland in Restitutionsbeschlüsse mündenden Debatte zur kolonialen Museumskunst über sie dasselbe lesen wird wie in ihrem Buch »Kunstraub« über Joseph Görres: Sie verschrieb sich der Aufgabe, in Deutschland eine öffentliche Meinung zugunsten der Rückgaben zu schaffen.

Görres erwähnte Savoy nicht, als sie in Bremen am 15. Oktober 2021 im Rückgriff auf ihr Buch »Kunstraub« die Autoren aufzählte, durch deren Studium sie die Artikulation von Empathie gelernt habe. Sie habe die Debatte über die Erwerbskampagnen der napoleonischen Museen »aus der deutschen Perspektive« erforscht. »Das heißt, in dem Fall war ich bei den Opfern, das prägt einen. Denn die Opfer, die sich geäußert haben, das waren die Brüder Grimm, Brüder Humboldt, Goethe,

Schiller: Leute, die schreiben konnten und die Sachen auf den Punkt bringen konnten.« Es waren Deutschlehrer einer ganz besonderen Qualität; die Pointierung gilt gewöhnlich nicht unbedingt als deutsches Stilideal. Der aktive, gestaltende Umgang mit der zeithistorischen Erfahrung war es, durch den diese Autoren Savoy beeindruckten und prägten. »Ich habe mich mit dem Gefühl der Enteignung, eines Verlustes auseinandergesetzt durch die Sprache und die Gedanken von Top-Leuten, von Top-Deutschen.« Das Opfer sagt es treffender: Das wäre eine bemerkenswerte, ins Ästhetische oder Stilkritische verschobene Neufassung des ziemlich deutschen, von Carl Schmitt lancierten und von Reinhart Koselleck ausgeführten Gedankens, dass Verlierer die besseren Historiker seien. Meritokratische Standards, wie sie Napoleon auf seine Weise in Europa verbreitete, kompensieren den Opferstatus. Mit Genugtuung zog Savoy Bilanz, im Sound einer Headhunterin, als hätte sie ihre Top-Deutschen als Testimonials einer Werbekampagne rekrutiert. Ihr kam es auch in diesen Momenten des historischen Hochgefühls darauf an, das Spontane und Selbstverständliche der Schlussfolgerungen zu betonen, die sich aus pointierten Verlustgeschichten ergaben. Bei prominenten Opfersprechern »hat man sofort die Verbindung: Ah ja, Goethe empfand das auch so.« Liest man Savoys Buch »Kunstraub« nach, stellt man fest: Nein, soweit Goethe darüber berichtet hat, empfand er es nicht so.

Im Kreis der Magdeburger Kollegen schrieb Savoy sich einen Monat nach dem Bremer Vortrag dann doch einmal selbst eine Rolle zu, einen altmodischen Beruf: »Ich bin ein *artificier*, einer, der Bomben explodieren lässt, aber auch Feuerwerke.« Zwar nahm sie den Schockeffekt dieser Wortwahl gleich zurück: »Ich übernehme nicht die Metapher der Bombe.« Die Spezialistin für rhetorisches Feuerwerk weiß, dass sie ihre Übertreibungen dosieren muss. Auch so bekannte die Pyrotechnikerin: »Ich bin nicht für Zerstörungen, aber Zerstörungen sind notwendig, wenn man einen Durchbruch erzielen will; alleine so kann man Mauern zum Fallen bringen.«

Ruinenlandschaft

Das Ende der Museen

REVOLUTIONÄRE werden von den Prozessen mitgerissen, die sie anstoßen, und gerade der Erfolg ihres Handelns kann eine Anpassung ihrer Ziele erzwingen beziehungsweise eine Tendenz ihres Handelns freilegen, die ihnen angeblich nicht bewusst war. Über Jahre beteuerte Savoy, dass sie die Museen nicht leergeräumt sehen wolle und dass dieser Vorwurf gegen Felwine Sarr und sie böswillige Schwarzmalerei sei. Warum hätte sie sonst ein Buch über ihre denkwürdigste Kindheitserinnerung »Museen« nennen sollen und nicht »Umzugswagen«?

Ins Jahr 2021 fielen aber nicht nur die Restitutionen der von aller europäischen Museumskunst verschiedenen, unfassbar königsgleichen Fisch-, Vogel- und Löwenmenschen aus dem Branly-Museum an den Nachfolgestaat des Königreichs von Dahomey, sondern auch die Eröffnung des ethnologischen Traktes des Humboldt-Forums und Savoys erster Besuch in der dortigen Kamerun-Abteilung. In der Berliner Schaubühne und im Frankfurter Historischen Museum stellte sie Verbindungen zwischen diesen beiden Erlebnissen her. Sie erzählte aus der Frühzeit des Museums als revolutionärer Anstalt der

Säkularisierung und Volksaufklärung, dass es im Musée Napoléon Besucherinnen gab, die diese Intention der Institution spontan unterliefen, indem sie, »wenn sie ein Altarbild gesehen haben, sofort auf die Knie gefallen sind und gebetet haben«. In der Abschiedsausstellung der Dahomey-Reliquien im Branly-Museum hatte man tatsächlich erleben können, dass ein Besucher vor den Standbildern der Könige in die Knie ging, begleitet vom Kamerateam eines Internet-Kultursenders aus Benin.

Als Savoy zum ersten Mal den Kamerun-Saal im nachgebauten Berliner Schloss betrat, fuhr ihr der Anblick in die Glieder, und wie das von der Wiederbegegnung mit der Gottesmutter überwältigte Pariser Mütterchen 219 Jahre zuvor reagierte sie mit dem ganzen Körper, der in eine »Schockstarre« verfiel. Sie sah sich konfrontiert mit den Folgen ihrer Arbeit, mit ihrem Erfolg. Das Humboldt-Forum hatte ihre Forderung erfüllt und präsentierte zusammen mit den Objekten aus Kamerun Informationen über die mörderischen Umstände, unter denen sie fortgeschafft worden waren. Savoy stand vor einem »Denkmal der abgebrannten Dörfer«. In der Schaubühne erzählte sie, wie es ihr dabei erging, und sie lud ihre Zuhörer ein, sich in sie hineinzuversetzen. »Wenn Sie sich vorstellen: Sie argumentieren, Sie plädieren über 15, 20 Jahre für diese radikale Transparenz, und nun ist sie da, und dann stellen Sie fest: Wow! Die radikale Transparenz, die tut weh.«

Am eigenen Leib erlebte Savoy die Bestätigung der Urerfahrung revolutionärer Zeiten: Es gibt Siege, über die man nicht froh werden kann. Vielleicht, so gab sie im historischen Präsens melancholisch zu bedenken, »plädiert man auch über 20 Jahre« dafür, »weil das noch nicht wirklich klar ist«, weil man vorher nicht wissen kann, wie schmerzhaft die Wahrheit sein wird. Es verschlug ihr die Sprache, wie sie auf der Berliner Bühne ausführlich darlegte, als das Erlebnis noch »relativ frisch« war. Aus dem »Moment der Sprachlosigkeit« zog sie eine Konsequenz: »Es muss etwas passieren.« Ihr Resümee dessen, was sie im Berliner Kamerun-Saal gesehen hatte, wo das Humboldt-Forum als »das erste Museum europaweit« in einer »vielleicht auch etwas ungeschickten Radikalität« Kunstwerke als Zeugen ihres gewaltsamen Erwerbs ausstellt, war der Eindruck, dass »es nicht lange so bleiben kann«. Sie hatte also das Gegenteil eines Museums gesehen: Im Museum werden die Dinge so arrangiert, dass man das Gefühl bekommt, sie könnten immer so bleiben.

2012 brachte Savoy ein Buch zum prominentesten Objekt der Restitutionsbegierde neben dem Parthenonfries heraus, dem Kopf der Nofretete im Berliner Ägyptischen Museum. In den Jahren zuvor hatte der Generalsekretär der ägyptischen Altertümerverwaltung, Zahi Hawass, mehrfach die Rückführung der Büste gefordert, die am 6. Dezember 1912 bei

Ausgrabungen der Deutschen Orient-Gesellschaft in Tell el Amarna geborgen worden war. Savoys Buch, halb Monographie, halb Quellenedition, ist ein Kabinettstück in der ironischen Manier ihres großen Werkes über die Herausforderung des napoleonischen Museumsimperialismus und die Antwort der deutschen Kunstnationalisten. In Savoys Geschichte ist die Idee der Restitution der Nofretete, vor allem aber auch die Unbedingtheit, mit der sie verfochten wird, ein verspätetes Ergebnis der Rivalität der imperialistischen europäischen Mächte. Auf dem Feld der Kulturpolitik wurde der Erste Weltkrieg fortgesetzt, nur symbolisch, aber mit um so größerem Ernst. Dieses Pathos unterläuft Savoy mit dem Untertitel ihres Buches, der nach einer Filmkomödie klingt: »Eine deutsch-französische Affäre«.

Nominell war Ägypten bis 1922 ein Teil des Osmanischen Reiches. Seit 1882 wurde die politische Herrschaft von den Briten ausgeübt, während die Altertümerverwaltung in den Händen der Franzosen lag, die sozusagen ihr von Napoleon erobertes wissenschaftspolitisches Terrain behaupteten. 1907 waren die Deutschen die lachenden Dritten, als Ludwig Borchardt die Bedeutung der Amarna-Funde erkannte. Savoy edierte die Akte, die Pierre Lacau, der französische Direktor des Ägyptischen Museums in Kairo und Chef der Ausgrabungsbehörde, geführt hatte, seit die Büste 1924 in Berlin erstmals öffentlich ausgestellt worden war. Das Buch legt nahe, dass Lacau die Präsenz der Königin in Berlin auch deshalb als Schmach für Frankreich empfand, weil sein Vorgänger nicht so scharfe Augen gehabt hatte wie Borchardt und die deutsche Aneignung des Kopfes unter französischer Aufsicht erfolgt war, gemäß den ohne Beteiligung von Ägyptern getroffenen Abmachungen über Fundteilungen zwischen den Ausgräberdelegationen aus Europa. Hier und da wurde in den enthusiastischen Rezensionen vermerkt, dass die Verfasserin eine ausdrückliche Stellungnahme zur ägyptischen Rückgabeforderung vermied. Ägypten hatte aber mit dieser Forderung eine Position der Kolonialmacht Frankreich übernommen. Die nationale Ehre als Rechtfertigungsgrund der Restitutionspolitik stellte sich jedenfalls im Fall von Lucau als eine Figur des Ressentiments wie in der antinapoleonischen Publizistik dar. Aus der Akte konnte Savoy belegen, dass Lucau im internen Schriftverkehr mit Paris die Legalität des Berliner Erwerbs anerkannte und gerade deshalb in seiner öffentlichen Kampagne die Frage der Moralität forcierte. Als Savoy 2021 die Nofretete als Beispiel heranzog, nahm sie gegenüber ihrem ein Jahrzehnt alten Buch eine stillschweigende Perspektivverschiebung vor und relativierte nun ihrerseits die Legalität durch eine demokratische Moralität des Mitredens. »Auch die Büste der Nofretete kam ja legal nach Deutschland. Aber was heißt das schon vor dem Hintergrund der kolonialen Verhältnisse? Die Ägypter wurden ja nicht gefragt.« Sie fügte hinzu: »Und an den Benin-Bronzen klebt regelrecht Blut.« Als sie dieses Bild 2017 in die Debatte eingeführt hatte, war es eine drastische Formulierung für eines der Desiderate der von ihr geforderten Provenienzforschung: Sie wolle wissen, wie viel Blut von den Kunstwerken tropfe. Die Wiederholung der Formel beschreibt die grausamen Erwerbungsumstände als einen permanenten Skandal, den keine Aufklärung abwischen kann.

Es klebe »regelrecht« Blut an den Bronzen: Damit ist sozusagen gesagt, dass das Bild kein Bild ist, sondern eine unauslöschliche Eigenschaft bezeichnet. Die fortgesetzte Anwesenheit der Benin-Bronzen in europäischen Museen muss dann Ekel und Grausen hervorrufen. Über die Hofkunstwerke aus Benin City sagt die Kunsthistorikerin Savoy in der Presse am Ende buchstäblich – oder regelrecht – dasselbe, was über sie mitgeteilt wurde, als sie ins Blickfeld der internationalen Öffentlichkeit kamen. »Benin – The City of Blood« hieß das Buch, das einer der Teilnehmer der Strafexpedition von 1897, der Marineoffizier Reginald Bacon, noch im selben Jahr veröffentlichte. Er verbürgte sich für seine Schilderungen nicht nur als Augen-, sondern auch als Nasenzeuge: Seine eine bleibende Erinnerung an Benin seien die Gerüche. Die Briten seien demnach beim Betreten der vom König geräumten Hauptstadt in eine Welt des totalen Horrors eingetreten: Jede Person, die dazu in der Lage gewesen sei, habe offenbar dem Menschenopfer gefrönt oder ersatzweise auf Tiere zurückgegriffen. Bacon hatte aber auch nicht vergessen, was er gesehen hatte. »Blut war überall; geschmiert auf Bronzen, Elfenbein und sogar auf die Mauern; und es erzählte die Geschichte dieser grauenhaften Stadt in einer klareren Weise, als es das Schreiben jemals könnte. Und so war es hier jahrhundertelang zugegangen!« Das Vorweisen der Blutspuren soll den Streit darüber, wem die Bronzen gehören sollen, beenden, bevor er begonnen hat: Diesen Theatereffekt benutzen die koloniale Greuelpropaganda und der postkoloniale Feldzug für die Restitution.

Ein klassischer Beitrag zur Diskussion über das Schicksal der afrikanischen Kunst ist der Film »Les statues meurent aussi« von Alain Resnais aus dem Jahr 1953. In ihrem Vortrag am Hamburger MARKK im Mai 2021 fasste Savoy den »großartigen Film« mit dem Satz zusammen, »dass Statuen ihrer Seele beraubt werden können«. Sie übertrug den Titel des Films auf die Häuser, in denen die Statuen verwahrt werden, um den inzwischen erreichten Stand der Diskussion auf den Punkt zu bringen: »Les musées meurent aussi«. Die Zuhörer, die an diesem Abend in ein berühmtes Museum gekommen waren, entließ sie mit einer Weissagung oder einem Beobachtungsauftrag: »Das werden wir sehen, ob es ein zweites Leben gibt oder manche Typen von Museen am Ende ihrer Laufzeit sind.«

In der »Ruinenlandschaft«, als die Savoy den Berliner Kamerun-Saal im Frankfurter Historischen

Museum beschrieb, hatte sie eine apokalyptische Vision. »Ist das der Endzustand?« Es sei nicht mehr möglich, den Besuchern zu sagen, sie sollten sich nach der Lektüre der Informationstafeln wieder in »die schönen Schnitzereien« versenken. Auch den Besuchern werden sich also die Fragen stellen, die sich Savoy im »Moment« ihres ersten Besuchs aufdrängten: »Wie lange kann so ein Raum überhaupt existieren? Kann er bleiben?« Der Endzustand des Museums verlangt nach Beseitigung.

Danksagung

Der voranstehende Text entstand aufgrund der Einladung von Angelika Epple, Thomas Sandkühler und Jürgen Zimmerer, etwas zu dem von ihnen bei Böhlau herausgegebenen Sammelband »Geschichtskultur durch Restitution? Ein Kunst-Historikerstreit« beizutragen. Als der Text über einen Aufsatz hinauswuchs, erklärte sich der zu Klampen Verlag spontan bereit, ein Buch aus ihm zu machen. Anne Hamilton hat das weitere Wachstum des Textes mit liebenswürdiger Geduld begleitet und mich auch beim Lektorat ermutigt, das Ende zu bedenken.

Mit Andreas Kilb und Christoph Schmälzle habe ich mich über die Jahre immer wieder über die Komplexität der Restitutionsthematik ausgetauscht. Mein Vater Burkhard Bahners hat mich über Geist und Buchstaben der Verschlussachenanweisung aufgeklärt. Hans-Hubertus Münch vom Departement Altertumswissenschaften der Universität Basel, Holger Jebens vom Frobenius-Institut der Universität Frankfurt sowie meine Kölner Freunde Dominik Meiering und Thomas Schuld gaben mir die Möglichkeit, die Gedanken des Buches in Vorträgen zur Diskussion zu stellen. Eine erste Fassung von Kapitel 3 ist im »Merkur« erschienen. Vielfältige Inspiration verdanke ich Charlotte Klonk.

Henning Ritter, mein erster Chef im Ressort Geisteswissenschaften der FAZ, widmete der Geschichte und Zukunft der Museen ein hartnäckiges Interesse. Er war auch ein Kenner der Ethnologie. Am 5. April 2001 erklärte er in einem fast ganzseitigen Artikel, warum die Französische Revolution sowohl den Vandalismus als auch den Denkmalschutz hervorgebracht hat. Noch während der Zerstörungen begann die Inventarisierung. »Die Denkmäler erfuhren eine Konversion der Zeichen und ihrer Bedeutungen, die in Zeichen der neuen Republik verwandelt wurden. Es regte sich vereinzelt aber auch Widerstand gegen diesen manipulativen Umgang mit der Vergangenheit.«

Das Rechtsinstitut des »patrimoine national«, des »nationalen Kulturguts«, ist das Ergebnis dieser Debatten. »Es trug dazu bei, ein neues Bewusstsein von der allgemeinen Gefährdung der Zeugnisse der Vergangenheit zu bilden. Wie der Vandalismus eine Politik des Vergessens gewesen war, so förderte der Begriff des nationalen Erbes eine Politik der Erinnerung. Ein neuer Gebrauch der Vergangenheit zeichnete sich ab, der den Bruch zwischen Gegenwart und Vergangenheit voraussetzte und zugleich die Kontinuität zwischen ihnen zu begründen erlaubte.« Ritter beschloss seinen Artikel mit einem Hinweis auf eine mögliche Lehre aus dieser Geschichte. Zu den Argumenten für den Schutz des »Weltkulturerbes«, das inzwischen das nationale Erbe ergänzt und beerbt hat, merkte er an: »Ihre

Herkunft aus dem Vandalismus während der Französischen Revolution macht freilich auch Angriffsflächen sichtbar, die sie nach wie vor überall dort bieten, wo Kulturen in einen Kampf um die Gegenwart verstrickt sind.«

Henning Ritter starb am 23. Juni 2013 und wäre am 20. Juli 2023 achtzig Jahre alt geworden. Seinem Andenken widme ich dieses Buch.

Köln, im Juli 2023 *Patrick Bahners*

Bibliographie

Bénédicte Savoy, »Patrimoine annexé. Les saisies de biens culturels pratiquées par la France en Allemagne autour de 1800«. 2 Bände. Deutsches Forum für Kunstgeschichte/Éditions de la Maison des Sciences de l'Homme, Paris 2003.

Bénédicte Savoy, »Kunstraub. Napoleons Konfiszierungen in Deutschland und die europäischen Folgen. Mit einem Katalog der Kunstwerke aus deutschen Sammlungen im Musée Napoléon (CD-ROM). Böhlau, Köln 2010.

Bénédicte Savoy (Hrsg.), »Nofretete. Eine deutsch-französische Affäre 1912–1931«. Böhlau, Köln 2011.

Bénédicte Savoy, »Von der Trauer des Verlusts zum universalen Menschheitserbe«. (Antrittsvorlesung am Collège de France.) Aus dem Französischen von Hanns Zischler und Philippa Sissis. Matthes & Seitz, Berlin 2018.

Felwine Sarr und Bénédicte Savoy, »Restituer le patrimoine africain«. Seuil, Paris 2018.

Felwine Sarr und Bénédicte Savoy, »Zurückgeben. Über die Restitution afrikanischer Kulturgüter«. Matthes & Seitz, Berlin 2019.

Bénédicte Savoy, »Museen. Eine Kindheitserinnerung und die Folgen«. Greven, Köln 2019.

Bénédicte Savoy, »Afrikas Kampf um seine Kunst. Geschichte einer postkolonialen Niederlage«. C. H. Beck, München 2021.

Isabelle Dolezalek, Bénédicte Savoy und Robert Skwirblies (Hrsg.), »Beute. Eine Anthologie zu Kunstraub und Kulturerbe«. Matthes & Seitz, Berlin 2021.

Merten Lagatz, Bénédicte Savoy und Philippa Sissis (Hrsg.), »Beute. Ein Bildatlas zu Kunstraub und Kulturerbe«. Matthes & Seitz, Berlin 2021.

Andrea Meyer und Bénédicte Savoy (Hrsg.), »Atlas der Abwesenheit – Kameruns Kulturerbe in Deutschland«. Reimer, Berlin 2023.

2023
zu Klampen Verlag
Röse 21 · D-31832 Springe
info@zuklampen.de · www.zuklampen.de

Reihenentwurf: Martin Z. Schröder, Berlin
Satz: textformart, Göttingen
Gesetzt aus Baskerville Ten
Druck: CPI – Clausen & Bosse, Leck

ISBN 978-3-86674-825-5

Bibliographische Information der
Deutschen Nationalbibliothek:
Die Deutsche Nationalbibliothek
verzeichnet diese Publikation in der
Deutschen Nationalbibliographie;
detaillierte bibliographische Daten
sind im Internet abrufbar:
http://dnb.d-nb.de